Novos Proletários

Título original:
Novos proletários:
A precariedade entre a "classe média" em Portugal

© Cooperativa Outro Modo, os autores e Edições 70, 2012

Capa de FBA

Depósito Legal n.º 349234/12

Biblioteca Nacional de Portugal – Catalogação na Publicação

NOVOS PROLETÁRIOS

Novos proletários: a precariedade entre a "classe média"
em Portugal/org. José Nuno Matos, Nuno Domingos.
– (Le monde diplomatique; 4)
ISBN 978-972-44-1719-6

I – DOMINGOS, Nuno
II – MATOS, José Nuno

CDU 331
316

Paginação:
Jorge Sêco

Impressão e acabamento:
PAPELMUNDE, SMG, LDA.
para
EDIÇÕES 70, LDA.
em
Março de 2014

Direitos reservados para todos os países de língua portuguesa
por Edições 70, uma chancela de Edições Almedina, S.A.

EDIÇÕES 70, uma chancela de Edições Almedina, S.A.
Avenida Fontes Pereira de Melo, 31 – 3º C - 1050-117 Lisboa / Portugal
e-mail: geral@edicoes70.pt

www.edicoes70.pt

Esta obra está protegida pela lei. Não pode ser reproduzida,
no todo ou em parte, qualquer que seja o modo utilizado,
incluindo fotocópia e xerocópia, sem prévia autorização do Editor.
Qualquer transgressão à lei dos Direitos de Autor será passível
de procedimento judicial.

Novos Proletários
A precariedade entre a «classe média» em Portugal

ORGANIZAÇÃO DE:
JOSÉ NUNO MATOS e NUNO DOMINGOS

ÍNDICE

Introdução
Nuno Domingos e *José Nuno Matos*   7

Dinâmicas de Crescimento nas Profissões
Intelectuais e Científicas. Mobilidade para todos
ou diferenciação?
Vasco Ramos   15

Precariedade: modos de usar
Ricardo Noronha   29

A massificação da precariedade juvenil
Magda Nico   43

«Profissão: bolseiro»: perspetivas e perplexidades
das políticas de ciência em Portugal
André Pirralha   57

Estatuto da carreira docente do politécnico:
como manter a precariedade
Marta Pinho Alves   67

NOVOS PROLETÁRIOS

O meu local de trabalho é um apartamento
no Marquês de Pombal
Ana Bigotte Vieira 79

A proletarização da advocacia
Pedro Rita 91

Vamos brincar aos jornais
João Pacheco 101

Jovens jornalistas: entre sonho e desesperança
Liliana Pacheco 109

Da transformação do trabalho: o caso dos seguros
Nuno Domingos 123

Negreiros dos tempos modernos:
sobre a deslocalização interna de serviços
de *call-center*
José Nuno Matos e *Luís Miranda* 141

INTRODUÇÃO

NUNO DOMINGOS e **JOSÉ NUNO MATOS**

Em *Precários em Portugal. Da fábrica ao call center*[1] procurou-se refletir sobre o modo como o processo de precarização laboral em curso atingia um conjunto de profissões material e simbolicamente menos qualificadas. Um conjunto de estudos de casos focou o universo do trabalho na construção civil, nas indústrias do Vale do Ave e do Vale do Sousa, nas grandes superfícies comerciais, nos *call-centers*, no trabalho doméstico, mas também a situação laboral dos emigrantes e a condição dos desempregados. Em *Novos Proletários* esta análise prossegue com um olhar sobre o modo como a precariedade, ao impor-se como um modelo global de gestão do trabalho, se estende também a profissões e atividades qualificadas. Este volume apresenta reflexões de enquadramento sobre esta questão, desde as

---

[1] José Nuno Matos, Nuno Domingos, Rahul Kumar (orgs.), *Precários em Portugal. Da fábrica ao call centre*, Lisboa, Edições 70, 2010.

dinâmicas recentes de mobilidade social na sociedade portuguesa (Vasco Ramos), até à integração laboral dos jovens (Magda Nico), passando pela relação da precariedade com formas de organização política (Ricardo Noronha). De um ponto de vista mais específico, apresentamos investigações e reflexões sobre os bolseiros de investigação científica (André Pirralha), os professores do ensino politécnico (Marta Pinho Alves), os artistas de teatro (Ana Bigotte Vieira), os jornalistas (artigos de João Pacheco e de Liliana Pacheco), os advogados (Pedro Rita), os empregados de seguros (Nuno Domingos) e as condições e lutas laborais dos empregados subcontratados no setor terciário, focando novamente o caso dos seguros (José Nuno Matos e Luís Miranda). Ao terminarmos com um texto sobre a condição do trabalho nos *call centers*, tema já tratado no primeiro volume, queremos salientar a sua posição central nos processos de proletarização atual, estabelecendo-se como uma atividade que recorrendo a mão de obra qualificada oferece condições de trabalho semelhantes à de tantos outros setores precarizados. Por fim, ficam por tratar neste volume alguns casos fundamentais para a compreensão da proletarização das atividades qualificadas. No quadro mais geral da precarização do setor público, a atual situação dos enfermeiros e dos professores, sujeitos ao processo de mercantilização da saúde e da educação em Portugal, é um dos exemplos mais evidentes da proletarização e da alteração da morfologia da organização laboral.

Os textos apresentados permitem enunciar problemas distintos, que aqui não iremos desenvolver com profundidade. Uma primeira questão relaciona-se com o valor da educação enquanto recurso fundamental para a obtenção de uma posição laboral. Este problema merece ser tratado com cuidado. Desde logo existe o perigo de se colocar o valor do conhecimento sobre a dependência de uma satisfação económica, legitimando as conceções que advogam dever estar o ensino ao serviço da produtividade. O conceito de *capital humano*, por exemplo, tão utilizado por governantes, economistas e outros especialistas, é maioritariamente entendido como o conjunto de recursos individuais que potenciam o aumento da produtividade. Sob esta perspetiva, qualquer reflexão sobre a importância da transmissão de conhecimento, o desenvolvimento de autonomias individuais e do espírito crítico, se reduz de forma dramática. Tendo a crítica a esta ideia como princípio a partir do qual se deve pensar o ensino, não é possível eliminar da discussão sobre a sua função as aspirações dos indivíduos e famílias que investem na educação com o intuito de assim alcançarem uma condição material e simbólica diferente daquela dos seus pais ou avós. Esta ambição de mobilidade social é evidentemente legítima e a sua frustração coloca óbvias questões à organização do sistema de ensino. Os dados existentes provam que a posse de capital escolar oferece melhores condições para os indivíduos obterem um emprego, ou seja, que quem tem mais competências escolares consegue, por norma, uma remuneração mais elevada.

Tal informação contraria os discursos que negam a função do sistema de ensino enquanto instância de promoção social. No entanto, este princípio geral não contraria a ideia de que os diplomas estão hoje em Portugal a sofrer um processo rápido de desvalorização. Este processo dá origem a um sentimento de frustração, tanto mais sensível quanto maior o esforço familiar e individual, medido no tempo não produtivo, ou menos produtivo, que resultou da dedicação aos estudos. A escola e a universidade assumem-se cada vez mais como instâncias de reprodução de uma condição de classe, fator intensificado pelas recentes políticas educativas, que tendem a reforçar a mercantilização do ensino. A relação entre escolas e universidades e o mercado de trabalho, entre tipo de curso e nível de graduação, e as categorias laborais dentro das profissões parece aprofundar-se[2].

---

[2] Veja-se, a este propósito, sobre o caso dos advogados, Miguel Chaves, *Confrontos com o Trabalho entre Jovens Advogados: as Novas Configurações da Inserção Profissional*, Lisboa, Imprensa de Ciências Sociais, 2010.

INTRODUÇÃO

A educação, por si só, não resolve problemas que se encontram na própria organização produtiva. E é na organização produtiva que se encontram as bases da proletarização de profissões consideradas até há poucos anos como um reduto de uma posição social estável. Os setores dos serviços, que sobretudo depois da Segunda Grande Guerra, significam para muitos a fuga a um passado familiar vinculado ao trabalho nos setores agrícola e industrial e a entrada na chamada classe média encontram-se hoje sob grande transformação. As atividades de «colarinho branco» e as profissões liberais, apesar de manterem um estatuto simbólico, oferecem hoje, para parte substancial dos trabalhadores, condições de trabalho e remuneratórias que estão longe de proporcionar uma existência minimamente segura.

Um dos aspetos mais salientes dessa alteração é a extensão de estágios não remunerados, de trabalho temporário e de falsos recibos verdes a postos que, tradicionalmente, pertenciam ao núcleo central da atividade de uma empresa. Um processo, aliás, apresentado como uma equiparação entre todas as categorias (por baixo, como é óbvio) e, mais do que isso, como um processo de libertação do indivíduo das grilhetas do contrato. A expansão de conceitos como o de «projeto» ou de «colaborador», em substituição de «trabalho» e de «trabalhador», constitui a expressão ideológica de tal processo, apostado em fazer da representação conceptual de interesses de económicos a mais eminente das verdades.

A tão ambicionada promessa de autonomia na atividade redunda, contudo, em objetivos de produção mais ambiciosos (do qual depende uma boa parte do rendimento, fracionado num salário base e num prémio de produtividade), em horários de trabalho alargados para lá do razoável, em níveis acumulados de *stress*, na incapacidade para projetar um futuro próximo. Independentemente do nível de qualificação e da posição, a condição de precário tende a ser identificada pelo que se está disposto a aceitar para auferir de um mínimo sentimento de segurança, que no final nunca se chega a obter.

Ligadas historicamente a processos de mobilidade social, as profissões qualificadas sugerem a existência de fortes aspirações individuais, que podem dificultar a criação de um sentimento coletivo. Em categorias profissionais intermédias, a individualização do vínculo laboral acentua relações competitivas, por sua vez reforçadas pela incessante procura por uma segurança existencial. É certo que muitos encaram o trabalho precário como uma etapa, uma transição para outra condição, mais próximas das suas aspirações de alcançar a classe média. No entanto, a longevidade deste processo e a sua mais do que aparente continuação

INTRODUÇÃO

coloca questões importantes sobre as possibilidades de mobilização politica deste grupo. Neste sentido, não podemos deixar de salientar estarmos perante um conjunto de políticas que visam colocar diferentes setores da sociedade sob uma mesma condição, criando assim oportunidades para um maior conhecimento e interação entre quem outrora se encontrava separado por barreiras materiais e simbólicas.

Perante tal desafio, a organização será sempre mais interessante que o desespero.

DINÂMICAS DE CRESCIMENTO NAS PROFISSÕES INTELECTUAIS E CIENTÍFICAS. MOBILIDADE PARA TODOS OU DIFERENCIAÇÃO?

VASCO RAMOS*

Os primeiros dias do mês de julho de 2012 foram marcados por uma série de notícias sobre os valores pagos por hora a profissionais de saúde. Segundo o jornal *Público* de 2 de julho, os enfermeiros que iniciaram funções nesse mês nos centros de saúde da ARS de Lisboa e Vale do Tejo auferem cerca de quatro euros por hora, pagos através de contrato com empresas de prestação de serviços. Passados alguns dias, uma situação semelhante foi reportada em relação aos nutricionistas que estão a ser contratados para prestar consultas em serviços públicos de saúde.

A situação dos enfermeiros levou a várias posições e mobilizações públicas de contestação por parte de

---

* Doutorando em Sociologia no ICS, Bolseiro da FCT.

ordens profissionais e de sindicatos, que culminaram numa «Vigília pela Dignidade da Enfermagem», em que se defenderam remunerações condignas e vínculos efetivos. O caso dos enfermeiros será apenas um, mas não é de todo único. É, no entanto, exemplar em dois aspetos. Por um lado, mostra como o Estado contorna simultaneamente a legislação laboral e as suas obrigações em relação ao Serviço Nacional de Saúde: trata-se da sub-contratação de profissionais de saúde para o setor público. Por outro lado, o valor de um vencimento mensal bruto, segundo esta tabela rondando os 600 euros, mostra de que forma uma profissão qualificada (e de acrescida responsabilidade por lidar diariamente com vidas humanas) está a ser financeira e simbolicamente desvalorizada.

No contexto da crise, da intervenção da *troika* e do *austeritarismo* como política económica, dissemina-se a ideia de que o empobrecimento de quem trabalha por conta de outrem será uma realidade incontornável nos próximos anos. Alguns responsáveis governamentais têm inclusive promovido um discurso, na lógica do «viver acima das possibilidades», que justifica uma redução de salários, para além do emagrecimento do Estado, através do denominado «ajustamento estrutural». Para a maioria da população trabalhadora portuguesa os baixos salários são uma realidade que não mudou substancialmente nos últimos anos[1]. O que aparenta ser relativamente novo é uma sensação de desvalorização das profissões qualificadas. Uma remuneração de quatro euros por hora é miserável, seja qual for a profissão. Mas está instituída a ideia de que ter uma profissão qualificada seria a garantia de um salvo-conduto social: era sinónimo de acesso a uma carreira, a um estatuto e a uma remuneração acima da média.

Com a generalização do acesso ao ensino superior em Portugal, a partir de meados dos anos de 1990, o acesso a profissões qualificadas alargou-se a largas franjas da população, deixando de ser apenas possível para uma elite. Aceder a profissões cujo exercício requer, na maior parte dos casos, a posse de um diploma universitário tornou-se uma aspiração realizável. Mais do que uma aspiração, em muitos casos, esse acesso constitui um verdadeiro projeto de mobilidade social ascendente, promovido pelos pais e a vivenciar pelos filhos. Mas em que medida podemos falar de processos de mobilidade social (ascendente ou descendente) através da qualificação?

Um dos problemas clássicos com que as análises de mobilidade social se debatem reside no facto de a

---

[1] Ver por exemplo: Carlos Farinha Rodrigues (org.), Rita Figueiras e Vítor Junqueira, *Desigualdades Sociais – Conclusões Preliminares*, Lisboa, Fundação Francisco Manuel dos Santos, 2011.

mobilidade social bruta, que reflete mudanças na estrutura social, ser frequentemente *aparente*, não significando por si só a existência de permeabilidade entre diferentes categorias sociais[2]. Por outro lado, há um conjunto de situações em que a própria (i)mobilidade social altera o «prestígio» associado a um determinado grupo social. Certos grupos sociais podem perder parte do grau de prestígio de que antes gozavam, pelo aumento do volume de efetivos ou pela facilidade de acesso. Noutros casos, algum grau de imobilidade aparente pode originar um incremento de «prestígio» social. Mesmo as categorias sociais aparentemente mais homogéneas são marcadas por processos e mecanismos de diferenciação. É fácil cair na falácia de confundir *situs* com *status*. Essas duas dimensões, que correspondem, a primeira, à divisão social do trabalho e, a segunda, à hierarquia social são independentes uma da outra. Os efeitos da mobilidade social estrutural, por si só, apenas analisam a dimensão do *situs*: a dimensão do *status* é mais complexa, relacionando-se com aspetos que têm a ver com o reconhecimento social e o prestígio associados.

Tomando o caso dos enfermeiros como ponto de partida, procuramos perceber em que medida se pode

---

[2] Alain Bihr e Roland Pfefferkorn, *Le systéme des inégalités*, Paris, Ed. La Découverte, 2008.

falar de mobilidade social e profissões qualificadas. Em que medida o crescimento destas profissões pode ser classificado como mobilidade ascendente? Qual o impacto dos processos de diferenciação interna nesses processos de mobilidade? Podemos falar numa desvalorização global das profissões qualificadas?

As profissões altamente qualificada na estrutura ocupacional portuguesa: tendências recentes

Uma observação dos dados do INE sobre as qualificações da população empregada demonstra que os empregados portugueses ainda têm, em geral, um baixo nível de qualificações (em 2011, o conjunto dos empregados com no máximo o 3.º ciclo do ensino Básico ainda supera os 60%).

Tabela 1 – População empregada por nível de escolaridade completo

Nível de escolaridade	% em 2002	% em 2009	% em 2011
Sem nível de escolaridade	9,2%	4,3%	3,8%
Básico – 1.º ciclo	34,6%	24,9%	20,1%
Básico – 2.º ciclo	20,5%	17,3%	15,3%
Básico – 3.º ciclo	14,2%	20,8%	21,9%
Secundário e pós-secundário	11,9%	16,8%	20,1%
Superior	**9,4%**	**15,8%**	**18,8%**

Fonte de Dados: INE – Inquérito ao Emprego

A última década é globalmente marcada por um aumento das qualificações escolares da população ativa. No caso dos empregados com Ensino Superior, o seu valor duplicou no espaço de uma década (de 9,4% para 18,8%). Por outro lado, a percentagem do conjunto com os níveis de escolaridade mais baixos diminuiu drasticamente. Há uma óbvia relação com a demografia, uma vez que as faixas mais velhas e menos escolarizadas da população vão saindo do ativo. No entanto, em termos comparativos, a percentagem da população portuguesa com qualificações superiores fica ainda bastante aquém da média dos países da OCDE (será cerca de metade embora as séries de dados não sejam absolutamente comparáveis em percentagem)[3].

A obtenção de um diploma do ensino superior não garante só por si o acesso a uma profissão qualificada. Há inúmeras situações em que, no mercado de trabalho, o diploma é irrelevante ou até escondido para aceder a certas profissões. A Classificação Nacional das Profissões (CNP) é o instrumento estatístico de classificação das atividades profissionais. A CNP usa uma estrutura hierárquica piramidal formada por nove grandes grupos ao nível de agregação mais elevada.

---

[3] http://lysander.sourceoecd.org/pdf/factbook2009/302009011e-09-01-03.pdf

DINÂMICAS DE CRESCIMENTO NAS PROFISSÕES INTELECTUAIS...

Esta forma de organização permite tanto uma leitura macro, ao nível dos grandes grupos profissionais, como uma leitura micro por profissões. Uma vez que é obrigatória a comunicação dos quadros de pessoal[4] a sua leitura permite uma análise aproximada da composição da estrutura profissional portuguesa. As profissões altamente qualificadas estão essencialmente incorporadas no grande grupo «Especialistas das profissões intelectuais e científicas» (EPIC)[5]. Devemos frisar que esta forma de reporte dos dados não dá conta de formas de precariedade, como os *recibos verdes*, que se têm disseminado mas sobre as quais não dispomos de dados concretos e fiáveis.

Tabela 2 – Evolução dos EPIC na Estrutura dos Quadros de Pessoal

	1995	2002	2009
Especialistas das profissões intelectuais e científicas (EPIC)	61 859	117 413	207 433
% da população ativa	2,8%	4,2%	6,6%

Fonte de Dados: Quadros de Pessoal do MSSS

---

[4] A declaração anual é obrigatória e inclui todos os trabalhadores com contrato de qualquer tipo em empresas privadas e os empregados com contrato individual de trabalho em funções públicas.

[5] São definidas pelo IEFP da seguinte forma: «Os especialistas das profissões intelectuais e científicas desenvolvem conhecimentos ou aplicam conceitos e teorias científicas ou artísticas, transmitem-nos de forma sistemática através do ensino ou dedicam-se a todas as atividades atrás descritas».

O peso dos EPIC na estrutura da população ativa portuguesa tem vindo a crescer de uma forma acelerada. A meio dos anos de 1990 não atingia os 3%. Sete anos depois o seu número quase duplicara e o seu peso suplantava os 4%. Em 2009 representavam perto de 7% da população ativa e o seu efetivo suplantava os 207 mil.[6] Olhando apenas para a última década, em apenas sete anos o total de especialistas em profissões intelectuais e científicas cresceu muito significativamente (77%). Comparando 2002 e 2009, dentro das EPIC todos os sub-grupos profissionais crescem de forma muito acentuada.

Destaca-se o crescimento dos especialistas nas ciências da vida e profissões da saúde (mais que duplicou, crescendo 159%) e dos docentes (praticamente duplicam, com mais 97%). Estes dois casos são ilustrativos de duas tendências. Por um lado, tanto nos profissionais de saúde como nos docentes, expressam-se os efeitos das alterações nos mecanismos de contratação para o exercício de funções públicas com contrato de

---

[6] A descoincidência entre a percentagem da população ativa com formação superior e os registos de Especialistas das profissões intelectuais e científicas é em si mesma um tema interessante, tanto para aferir da maior ou menor qualificação dos dirigentes, como dos fenómenos de «sobrequalificação» da mão de obra (uma parte dos licenciados ocupa cargos dirigentes, outra parte exercerá funções administrativas ou comerciais).

Tabela 3 – Evolução dos sub-grupos de Especialistas nas Profissões Intelectuais e Científicas

Grupo profissional	% em 2002	% em 2009	Taxa de crescimento
Total EPIC	**117 413**	**207 433**	**77%**
Especialistas nas ciências físicas, matemáticas e engenharias	40 452	64 846	60%
Especialistas nas ciências da vida e profissionais de saúde	12 918	33 423	159%
Docentes de ensino secundário, superior e prof. similares	15 906	31 273	97%
Outros especialistas nas profissões intelectuais e científicas	48 137	77 891	62%

Fonte de Dados: Quadros de Pessoal do MSSS

trabalho individual, em geral a termo. Por outro lado, também sinalizam o aumento do setor privado, sobretudo no caso da saúde.

Olhando agora para a natureza dos vínculos e reportando-nos ao último ano disponível (2009), os dados dos Quadros de Pessoal indicam que os EPIC (tal como todos os outros grupos profissionais) têm maioritariamente contratos sem termo. A contratação a termo (mais precarizada) é relativamente elevada (28%), apenas tendo maior peso junto de Pessoal dos Serviços, dos Trabalhadores Não Qualificados e dos Agricultores.

Tabela 4 – Tipo de Contrato dos Grandes Grupos Profissionais (2009)

Grupo	Contrato sem termo	Contrato a termo	Contrato de trabalho para ced. Temp, e outros
Quadros sup. da adm. pública, dirigentes e quadros sup. das empresas	88,4%	7,4%	4,2%
Especialistas das profissões intelectuais e científicas	**69,4%**	**28,0%**	**2,6%**
Técnicos e profissionais de nível intermédio	74,7%	23,1%	2,2%
Pessoal administrativo e similares	71,5%	22,7%	5,9%
Pessoal dos serviços e vendedores	62,2%	34,5%	3,3%
Agricultores e trabalhadores qualificados da agricultura e pescas	64,7%	29,1%	6,1%
Operários, artífices e trabalhadores similares	70,6%	25,6%	3,8%
Operários, instaladores inst.emáq. etrab. montagem	71,8%	24,4%	3,9%
Trabalhadores não qualificados	60,4%	34,1%	5,5%
Total	**68,9%**	**27,1%**	**4,0%**

Fonte de Dados: Quadros de Pessoal do MSSS

Apesar da maioria dos EPIC continuar a trabalhar com contratos sem termo, entre 2002 e 2009 o número de contratados a termo entre estes trabalhadores aumentou de 18,8% para 28%.Uma leitura detalhada desta informação mostra realidades diversas

DINÂMICAS DE CRESCIMENTO NAS PROFISSÕES INTELECTUAIS...

e muito desiguais entre os diferentes grupos profissionais. Embora os contratos com termo cresçam em todos as categorias, é entre os docentes que esse crescimento é mais vincado, tornando-se a situação de contrato a prazo maioritária em 2009.

Tabela 5 – Evolução dos Tipo de Contrato dos EPIC

	Tipo de Contrato			
	Contrato sem termo		Contrato a termo	
	2002	2009	2002	2009
Total EPIC	**76,5%**	**69,4%**	**18,8%**	**28,0%**
Especialistas nas ciências físicas, matemáticas e engenharias	76,6%	71,3%	19,2%	26,9%
Especialistas nas ciências da vida e profissionais de saúde	77,9%	75,7%	13,2%	22,2%
Docentes de ensino secundário, superior e prof. similares	64,3%	47,2%	31,4%	50,4%
Outros especialistas nas profissões intelectuais e científicas	80,4%	74,4%	15,4%	21,9%

Fonte de Dados: Quadros de Pessoal do MSSS

Observamos, por fim, a forma como evoluiu a diferença nas remunerações base mensais entre contratados sem termo e a termo (i.e. a diferença na remuneração de um contratado sem termo e de um contratado a termo). Em 2002 essa diferença cifrava-se em 38%. Em 2009 a disparidade acentua-se chegando a perto de 42%.

Tabela 6 – Disparidade salarial entre Contratados sem termo e Contratados a termo
(com base na remuneração base média)

	2002	2009
Total especialistas nas profissões intelectuais e científicas	38,0%	41,8%
Especialistas nas ciências físicas, matemáticas e engenharias	41,7%	48,5%
Especialistas nas ciências da vida e profissionais de saúde	37,6%	25,0%
Docentes de ensino secundário, superior e prof. Similares	26,5%	36,3%
Outros especialistas nas profissões intelectuais e científicas	41,2%	48,4%

Fonte de Dados: Quadros de Pessoal do MSSS

Também no que diz respeito às disparidades salariais, a evolução é distinta entre os diferentes grupos profissionais. É nos especialistas das ciências físicas, matemáticas e engenharias que essa diferença é mais acentuada, com um diferencial que se aproxima dos 50% em 2009. No entanto, é no caso dos docentes que se observa um maior aumento das disparidades entre contratados sem termo e a termo (aumentam de 26,5% para 36,3%). Apenas no caso dos profissionais de saúde a diferença de rendimentos em função da situação profissional se atenua.

O crescimento das profissões qualificadas é acompanhado por processos de diferenciação interna das mesmas. Essa diferenciação expressa-se em maiores clivagens e desigualdades, tanto de estatuto profissional como de rendimento. Naturalmente que dentro de cada grupo profissional estão contidas muitas profissões diferentes e contextos socioprofissionais específicos com dinâmicas próprias. Se o recurso à contratação a prazo pode ser encarado como um período transitório, de aprendizagem e adaptação, o recente crescimento dos profissionais altamente qualificados em Portugal ocorre num contexto mais amplo de precarização estrutural e fragmentação do trabalho, de que os contratos a prazo são apenas uma ténue expressão: não estão aqui consideradas as relações de trabalho mais informalizadas e desprovidas de direitos, como os *recibos verdes*.

As tendências aqui apresentadas são expressivas e indiciam a existência de duas vias de acesso às profissões qualificadas. Uma via que garante uma situação estável, rendimentos claramente acima da média e que se aproxima de uma visão idealizada de que a qualificação garante estatuto (ou mobilidade ascendente). Uma outra via sujeita a menor previsibilidade na situação profissional, que obtém rendimentos inferiores, aparentemente em processo de proletarização.

Perante estes dados será lícito falar de *degradação do trabalho*?[7] O conceito de Braverman referia-se a uma tendência de longo prazo, imposta pelo desenvolvimento do capitalismo, em que a racionalização e simplificação do trabalho, através da gestão científica, conduziam a uma separação cada vez maior entre execução e conceção do trabalho, cada vez mais expropriado do seu caráter intelectual. Os dados apresentados não são suficientes para tal conclusão, sobretudo porque a dimensão da autonomia no trabalho não é aferida. No entanto, o exemplo inicial dos enfermeiros parece indiciar essa tendência: falando em «contratação de serviços de Enfermagem» encontra-se uma forma engenhosa de separar a função do profissional que a exerce.

---

[7] Harry Braverman, *Travail et capitalism monopoliste. La dégradation du travail au XX^{éme} siècle*, Paris, Librairie François Maspero, 1976.

PRECARIEDADE: MODOS DE USAR

RICARDO NORONHA*

A condição precária

Fala-se agora, com uma frequência que chega a ser suspeita, da questão da precariedade, espécie de flagelo social que se abateu sobre a sociedade, qual praga do Egito, para a fazer expiar os seus inconfessáveis pecados. Não há economista liberal que não aponte o dedo à «excessiva rigidez» da legislação laboral enquanto refere, com uma lágrima no canto do olho, o infortúnio de uma nova geração de trabalhadores desprovidos de qualquer direito ou proteção legal. Narrativa que se converte frequentemente em trabalhos de imprensa com títulos imaginativos como «A geração dos 600 euros» ou «Jovens a prazo», nos quais jornalistas surpreendem os seus leitores, informando-os

---

* Historiador.

da existência de «trabalhadores independentes» que ocupam há dez anos o mesmo posto de trabalho.

A precariedade fica assim confortavelmente arrumada: como uma desgraça cujas vítimas são objeto de compaixão; como um problema social a resolver demolindo direitos laborais que eram inquestionáveis há algumas décadas atrás; como um pretexto para desregulamentar ainda mais o mercado de trabalho, enfraquecendo a posição dos assalariados no seu conjunto. Embrulhe-se tudo isto em nebulosas alusões ao espírito do tempo, à globalização e à competitividade, para se obter uma operação de engenharia social disfarçada de imperativo categórico, recomendada pelos melhores manuais de gestão. Será possível ouvir, a algumas das pessoas que se esforçam neste sentido, afirmações que demonstram o seu profundo conhecimento histórico. Repetirão, tantas vezes quanto for necessário, que a contratação coletiva, a proibição dos despedimentos sem justa causa ou as férias pagas são coisas do passado, antiguidades ou meras recordações de um tempo longínquo. O século XXI, garantem-nos, será algo completamente diferente e extremamente moderno. Os mais atentos não deixarão de encontrar, em tão radiante projeção, um regresso às relações laborais do século XIX, mas agora com banda larga, televisão digital e comunicações móveis à mistura.

Os mais sofisticados sistemas de controlo eletrónico nos locais de trabalho também vêm ajudar à festa, contribuindo para que cada um de nós se torne mais «competitivo», «dinâmico» e «pró-ativo», termos que passarão a dispensar as respetivas aspas assim que deixar de existir qualquer diferença entre as palavras e as coisas, quando os «colaboradores» de cada empresa não fizerem outra coisa senão «colaborar». A esta luz, o repetitivo eco do termo «flexibilidade» denuncia a necessidade que as empresas têm de transformar os respetivos trabalhadores numa variável inteiramente dependente do seu ciclo produtivo, numa mercadoria descartável a qualquer momento, num custo a eliminar sempre que a sua margem de lucro ameace contrair-se. Moldar a força de trabalho a um regime de acumulação flexível tornou-se o programa mínimo partilhado por empresários, governantes e intelectuais orgânicos do neoliberalismo que se acotovelam no espaço público.

A precariedade não é por isso apenas uma condição laboral ou uma relação contratual atípica. Ela resulta da articulação de variadas técnicas disciplinares e de controlo, sustentadas por outros tantos campos de saber (sociologia do trabalho, psicologia social, marketing), que não dispensam incursões poéticas, nas quais o vocabulário se revela um dispositivo surpreendentemente eficaz na difícil tarefa de transformar a realidade num pormenor e a ficção num facto incontestado. Escreve-se, nos contratos a termo, que as funções a desempenhar serão temporárias ou se devem a um acréscimo extraordinário de trabalho. E contudo, qualquer pessoa se dá conta de que as suas funções são imprescindíveis à atividade da respetiva empresa e o trabalho efetuado é tudo menos extraordinário, antes correspondendo ao funcionamento regular deste ou daquele departamento. Vemo-nos confrontados com uma desconcertante sucessão de inverdades cujas virtudes instrutivas – no que ao Estado de Direito diz respeito – não foram ainda plenamente consideradas. E não parece que haja a este respeito preocupações de monta, uma vez que se contam pelos dedos de uma só mão os juristas capazes de dizer a este respeito alguma coisa de esquerda, alguma coisa democrática ou alguma coisa simplesmente razoável.

A precariedade insinua-se assim no terreno da cultura do capitalismo tardio – enquanto artifício literário capaz de contaminar tanto as formas de comunicação como a ordem jurídica – ao serviço de um programa de recomposição das relações de poder nos locais de trabalho. A assimilação das lições de muitas décadas de lutas de classes dotou a gestão de «recursos humanos» de um vasto arsenal de instrumentos e técnicas de pacificação, persuasão e intimidação, que o desenvolvimento tecnológico se encarregou de facilitar, ao combinar ferramentas de produção, objetos de lazer e sistemas de controlo numa mesma máquina, que tudo se encarrega de computar.

Pela primeira vez na história da humanidade, a aplicação extensiva da eletrónica aos processos de trabalho permitiu que os meios de produção fossem simultaneamente meios de fiscalização. Quer os simples computadores quer as máquinas com componentes eletrónicos registram o desempenho do trabalhador ao mesmo tempo que ele trabalha. E como as pessoas passam hoje a esmagadora maioria dos lazeres manipulando computadores, as horas de ócio são tão monitorizadas como as horas de trabalho[1].

Um novo ciclo de lutas sociais?

Isto revela-se bastante útil, do ponto de vista patronal, tendo em conta o problema substancial que é subordinar uma força de trabalho cada vez mais qualificada e instruída ao processo de acumulação capitalista, num tempo em que qualquer grão de recusa ou resistência se revela capaz de comprometer o

---

[1] João Bernardo, «Epílogo e prefácio (Um testemunho)», *História Social*, IFCH/UNICAMP, n.º 17, 2.º Semestre de 2009, p. 261.

conjunto da engrenagem. Mas tem também a desvantagem de familiarizar cada precário, desde muito cedo, com os meios para suspender esse processo e escapar a essa dominação. Não são necessários muitos conhecimentos, nem uma dose privilegiada de atenção, para intuir os mecanismos do controlo e os respetivos pontos fracos. Trata-se de um terreno de combate permanentemente assinalado por sinais de proibido e regras de comportamento, cuja subversão quotidiana dispensa qualquer programa ou estratégia. A velocidade a que se propagam conhecimentos, truques, estratégias e práticas de subtração à vigilância patronal e aos ritmos de trabalho são bem o sinal de quão precário é, no fundo, o uso capitalista da precariedade. E todos esses elementos se revelam úteis para distinguir os contornos de uma nova composição da classe trabalhadora, sugerindo uma pergunta pertinente – de que novo ciclo de lutas sociais poderão estes comportamentos ser um prenúncio?

Para responder a semelhante interrogação, tudo o que temos ao nosso dispor é a crónica dos acontecimentos recentes: mais de uma década de convulsões, levantamentos e lutas sociais, situada pouco depois do fim da história. Primeiro, as grandes mobilizações por ocasião de cimeiras internacionais: Seattle (Organização Mundial do Comércio, 1999), Praga (Fundo Monetário Internacional, 2000), Génova (Reunião

PRECARIEDADE: MODOS DE USAR

do G8, 2001). Depois, durante o inverno de 2001-
-2002, o levantamento popular argentino contra as
medidas de austeridade impostas pelo governo tornou o país virtualmente ingovernável durante vários
meses. Pela mesma altura, a emergência das primeiras
mobilizações de precários, com a manifestação orga-
nizada em Milão por ocasião do 1.º de Maio de 2001,
rapidamente se transformou num movimento internacional difuso e extremamente diverso, o Mayday,
organizado em Portugal desde 2007. No inverno de
2004-2005, a morte de dois jovens da periferia de
Paris, na sequência de uma perseguição policial, des-
poletou uma vaga de motins, pilhagens e destruições,
exprimindo a revolta concentrada nos subúrbios fran-
ceses e que desde então não deixou de pairar como um
espectro por toda a Europa. Um ano depois, a criação
em França de um estatuto laboral especificamente
jovem e despudoradamente precário, o contrato de
primeiro emprego (CPE, *contrat première embauche*),
deu origem ao primeiro movimento de massas de
combate à precariedade, levando à ocupação de vários
estabelecimentos de ensino e à realização de gigantes-
cas manifestações de protesto. Quando, em dezembro
de 2008, o assassinato de um adolescente às mãos de
um agente de segurança, em Atenas, provocou mais
de um mês de confrontos e manifestações nas principais cidades gregas, a precariedade dos jovens era já

apontada como uma das justificações mais generalizadamente aceites para a extensão e duração do movimento, que provocou milhões de euros em prejuízos às grandes seguradoras e retirou ao Estado o controlo sobre diversas áreas do território urbano. O que aconteceu desde então dispensa descrições ou enumerações – desde as Primaveras Árabes ao protesto da «geração à rasca» e às acampadas indignadas, passando pela ocupação de Wall Street, por movimentos estudantis variados (Itália, Reino Unido ou Quebec) e pelos motins ocorridos nos principais centros urbanos britânicos no verão de 2010 –, constituindo já o primeiro ato de qualquer coisa que se anuncia maior, uma vaga contestatária que toma forma à escala global.

Em todos estes movimentos predominou um assinalável grau de horizontalidade e informalidade, uma notável capacidade de auto-organização (que ultrapassou frequentemente as estruturas clássicas de condução do protesto e deu origem a assembleias capazes de impor as suas decisões às lideranças auto-designadas), a predisposição para alternar legalidade e ilegalidade ao sabor das conveniências do momento, a vontade de romper com as formas previsíveis e domesticadas de conflito, a difusa perceção de que era a própria normalidade, enquanto rotina, que se tornava necessário subverter, como condição para que os envolvidos pudessem construir coletivamente a sua própria história. Não terá provavelmente sido fortuito o facto de todos eles se terem exprimido numa linguagem distinta e distante da que costumam utilizar tanto o Estado como as organizações sindicais ou de Esquerda, optando quase instintivamente pela diferenciação face ao terreno da política clássica e elaborando narrativas e discursos próprios, nos quais não deixaram de se fazer ecoar as ressonâncias de lutas e movimentos passados. Elementos suficientes para sugerir que a precariedade veio transportar para as lutas sociais uma assinalável radicalização, cujo alcance e significado estamos ainda longe de plenamente interpretar. Bastaria passar os olhos pelas páginas dos jornais que noticiaram cada um destes episódios da moderna luta de classes para constatar a novidade que eles transportam. Os jornalistas raramente sabiam o que escrever a seu respeito, seguindo a custo as dinâmicas mais visíveis e procurando em vão os seus porta-vozes, reivindicações e programas, para quase sempre constatarem a inutilidade de semelhantes esforços. Por trás da cortina não se encontrava ninguém e cada um puxava os seus próprios cordelinhos.

Tudo isto contribuiu para devolver ao conflito social o caráter imprevisível que lhe é próprio e há décadas parecia subterrado. E sem que se tenham deixado de apresentar as diversas hipóteses de conciliação e negociação que se multiplicam, como que milagrosamente, sempre que a revolta paira no ar. «Soluções» para «resolver» o «problema» da precariedade foram tantas como as ocasiões em que o confronto transbordou as margens da representação e da institucionalização. Precisamente por se tornarem «excessivos» e «inaceitáveis», os movimentos de protesto, conflito e insubordinação impuseram a sua agenda de uma forma que aqueles outros – previsíveis, institucionalizados e «razoáveis» – que se movem no espaço domesticado da «sociedade civil» há muito se revelaram incapazes de fazer. E foi semelhante coisa assaz maravilhosa de se ver, pois há tanto tempo nos habituámos a considerar excelentes aquelas lutas capazes de travar e adiar, mesmo se apenas momentaneamente, uma qualquer patifaria da tenebrosa ofensiva neoliberal, que nos esquecemos já de como lutar, não apenas para reduzir os males, mas verdadeiramente para os esconjurar. De volta parece estar a convicção de que é possível obter vitórias e recuperar ao campo inimigo a iniciativa que sucessivamente nos vem escapando.

O enigma português

Muitas destas coisas soam estranhas aos nossos olhos, que acompanham a custo e à distância o que se passa para lá da raia. As causas de tão singela tranquilidade social – num país onde tudo é crise, desemprego, pobreza e despudorada exploração – parecem desafiar todas as razões. Porque dormem, afinal, tão tranquilamente os precários de Portugal? Sabemos de fonte segura não se dever tal coisa aos elevados salários que auferem. Ao ver deflagrar os incêndios na Grécia – e não é das suas matas que se trata – a maioria dos observadores virou em seguida o olhar para o país que, na mesma latitude e da mesma dimensão, com alguma naturalidade se deveria seguir. E porém, tudo permanece tranquilo na frente ocidental, onde o governo do dia não se cansa de nos cuspir na cara, com a impunidade que se sabe. É o atavismo, lembrou-se alguém de dizer. É certo que pesam aqui as práticas informais da economia subterrânea, as redes familiares de apoio e a predisposição para emigrar, que o presente pediu emprestado ao passado mais recente. Por outro lado, os esforços de organização e mobilização de trabalhadores precários têm acusado o peso da tradição política indígena, em que nada costuma acontecer sem que um estado-maior partidário tenha tido oportunidade de se pronunciar sobre o assunto. É notório que grande parte do discurso público de denúncia da precariedade aponta para várias direções, mas raramente para a possibilidade de serem os trabalhadores precários protagonistas e sujeitos do combate político e social pela sua emancipação. Eles

NOVOS PROLETÁRIOS

são quase sempre apresentados como vítimas passivas e mais ou menos resignadas, que se trataria de defender ou proteger, uma «geração» cujas «qualificações» exigiriam um capitalismo mais sofisticado e empresários mais modernos, já para não falar de uma «outra» política, alternativa bem se vê, à que nos tem sido presenteada. É sobretudo ao seu estatuto de eleitor e cidadão, mais do que à sua condição de proletário, que se pisca o olho.

Importa sublinhar também o facto – provavelmente decisivo – de estarmos a falar de trabalhadores maioritariamente jovens, que não podem reivindicar para si a experiência de participação num movimento social vitorioso, que os familiarize com os ensinamentos, a disposição e a convicção necessárias a semelhante desafio. O movimento estudantil, um caldo de cultura onde se poderia desenvolver e alargar o saudável hábito da revolta e da contestação, não tem acumulado senão derrotas, impasses e hesitações, mesmo quando chamado a enfrentar adversários inábeis e ofensivas pouco graciosas. Nas escolas secundárias como nas universidades, aprende-se sobretudo a rotina da obediência e o hábito de se esgueirar por entre as gotas da chuva. A compartimentação das lutas também contribui para esse desconsolo, estreitando o campo das solidariedades e contaminações possíveis. Falta, nesta costa ocidental da Europa, um imaginário do conflito social capaz de interpelar a multidão que quotidianamente se afadiga em trabalhos a prazo. É o enorme peso dessa inércia que o movimento se vê forçado a superar.

Fala-se agora, com uma frequência que chega a ser suspeita, da questão da precariedade, julgando alguns ver nela uma espécie de novo alento para a esquerda ou um decisivo argumento a favor do rejuvenescimento dos sindicatos. E inútil será argumentar que de outra coisa se trata. Pois só no meio da tormenta se reconhecem, com a clareza e precisão necessárias para nela nos orientarmos, a altura das ondas e a potência das vagas. A tempestade que se anuncia está ainda em formação. Não se falará de outra coisa quando ela aqui chegar.

A MASSIFICAÇÃO DA PRECARIEDADE JUVENIL

MAGDA NICO*

Os jovens estão particularmente expostos à precariedade laboral. Esta tem sido a história contada, recorrentemente, pelos dados do (des)emprego do Instituto Nacional de Estatística (INE) e do Eurostat; pelos números imaginados em torno do «não-emprego»; pelas políticas, oficiais ou não, do «último a entrar, primeiro a sair» e, mais recentemente, pelas análises realizadas com base nos preocupantes dados recolhidos pela Organização Internacional do Trabalho (OIT)[1]. Além desta, a história que estes números não conseguem contar é

---

* Socióloga, Instituto Universitário de Lisboa (ISCTE-IUL), Centro de Investigação e Estudos de Sociologia (CIES-IUL).
[1] International Labour Organization (May 2012), «Global Employment Trends for Youth 2012», International Labour Office, Genebra.

a de que esta tendência ocorre em contexto de massificação do acesso ao ensino superior e de enorme crescimento dos níveis de escolaridade atingidos pelas gerações mais novas; ou seja, em contexto de enormes mudanças, entre as gerações, ao nível da educação e da formação. Este contexto contribui para a construção de expectativas de efetiva mobilidade social baseada num sistema de meritocracia, que são posteriormente defraudadas pelas recomposições profundas da estrutura social e do mercado de trabalho e ainda pelos efeitos da recessão. Face aos sinais contraditórios produzidos por estes processos, os jovens adaptam efetivamente as suas expectativas oscilando, de forma mais ou menos problemática, e de acordo, ora com os recursos que conseguem mobilizar neste contexto de profunda crise económica, ora com o lugar de classe que ocupam, entre vivências e objetivos laborais de sobrevivência, de trabalho e de «carreira».

Para algumas camadas sociais mais desfavorecidas, esse processo de adaptação poderá caminhar rápida e inquietantemente para um processo de resignação, dado que, tal como consta no já referido relatório da OIT, o ingresso em trabalhos desta natureza passageira e frágil constitui, por vezes, a única opção disponível de inserção no mercado de trabalho para os indivíduos mais jovens. Assim, as gerações recém-

-chegadas ao mercado de trabalho inauguram novas formas e manifestações, mais complexas e obscuras, dessa precariedade, ao mesmo tempo que são afetadas por formas de exclusão social aparentemente «não-extremas», mais disfarçáveis e, por isso mesmo, mais facilmente negligenciáveis pelas políticas públicas. Mais difícil de identificar e de qualificar, esta nova precariedade laboral na juventude, enquanto fenómeno transversal do ponto de vista social, condiciona, atrasando ou mesmo comprometendo, os processos de transição para a vida adulta. É certo que sempre existiu este movimento social «descendente» ou de «contramobilidade» após a saída da escola ou, sobretudo, da universidade, justificada pelo facto de a entrada no mercado de trabalho se fazer (salvo exceções de campo profissional ou de origem social privilegiada), «por baixo». A maior parte dos jovens não contestará que assim seja. Mas o que sucede atualmente é que esta entrada no mercado de trabalho não é apenas «por baixo»: é predominantemente pela precariedade e facilmente se converte numa permanência na mesma. A massificação da precariedade não se faz apenas no grupo dos jovens enquanto tal. Estende-se, portanto, mais do que no passado, no tempo (especialmente para os indivíduos que ocupam lugares de classe caracterizados por um menor acesso a instrumentos e a estratégias de mobilidade social). Assim, a precariedade pode ser compreendida, paradoxalmente, como um fenómeno estável e de sem termo.

Um beco sem saída?

Encorajada pelos pais a ajudar no pequeno negócio de família, a ganhar o seu próprio dinheiro, a conquistar a sua independência gradualmente, a adaptar-se ao que o mercado de trabalho tivesse para oferecer (limpezas, biscates, balcão e mesa, etc.) e a investir o seu tempo e expectativas num curso superior, Andreia, que trabalha desde os 16 anos, atualmente com 26 anos, trabalha numa loja de sapatos, sem qualquer vínculo laboral. A independência habitacional que conquistou com a remuneração do seu trabalho constrange as suas possibilidades de se inserir num mercado de trabalho qualificado e de planear um futuro sequer a curto prazo. A gradual mas determinada entrada no mercado de trabalho, o sucesso escolar e a vontade e concretização de independência habitacional face aos pais vivem lado a lado com a precariedade da ausência de qualquer vínculo laboral, do trabalho desqualificado, de um salário quase mínimo e de uma vida vivida em torno das «contas para pagar» (e do pavor às dívidas que, a qualquer momento, podem ser inevitáveis). Aos olhos das estatísticas, esta jovem nem sequer trabalha.

O lado individual da precariedade

A precariedade deve também ser entendida como um fenómeno que não só ultrapassa as fronteiras do mercado de trabalho, invadindo as restantes esferas da vida em transição, como é responsável pelos estados de *stand-by* em que estas vidas se encontram, seja ao nível habitacional, familiar, escolar ou mesmo identitário. A compreensão deste fenómeno não deve, portanto, esgotar-se na análise do mercado de trabalho. A massificação da precariedade pelas classes médias pode favorecer a própria invisibilidade do fenómeno, tornando menos óbvio o reconhecimento da precariedade como causa determinante de desigualdades sociais, na medida em que a entrada e permanência no mercado de trabalho pela precariedade poderá ser incontornável para algumas camadas sociais média-baixas, mas evitável para outras. Pode contribuir ainda para a banalização social do fenómeno e para o insuficiente reconhecimento dos jovens enquanto membros ativos profissionalmente e participativos politicamente.

A responsabilidade pela precariedade na juventude é muitas vezes atribuída pelos media, por outras gerações e muitas vezes pela academia, aos processos de escolha e decisões do nível meramente individual (cuja existência é, em si, questionável), colocando exclusivamente nos ombros dos jovens o peso da total responsabilidade pelos seus fracassos biográficos (e profissionais), mesmo quando estes não poderiam ter sido evitados pela ação individual.[2] Tal apreciação reflete-se perigosamente nos programas políticos e/ou nas políticas públicas dirigidas aos jovens. Pode verificar-se, a título de exemplo, que enquanto que muitos países europeus e sul-americanos respondem às elevadas taxas de desemprego juvenil com medidas ora de combate aos obstáculos ao crescimento do emprego, ora dirigidas ao problema da dissonância ocupacional entre oferta e procura no mercado de trabalho, ora ainda por medidas de expansão da proteção social, Portugal fica-se exclusivamente pelo apoio aos jovens empreendedores (segundo dados recolhidos pela OIT em maio de 2012).

Outro exemplo desta atribuição de culpa à escala individual, e de consequente desvalorização da dimensão estrutural de escala macro-social, é a saída dos jovens de casa dos pais. Há, aliás, todo um vocabulário pejorativo engendrado para caracterizar os jovens que saem tarde de casa dos pais ou que a ela repetidamente regressam: *boomerang kids*, *kippers* («*kids in*

---

[2] Esta é, como nos indicam os sociólogos da juventude Andy Furlong e Fred Cartmel, uma das falácias provocadas pela modernidade tardia vivida pelas sociedades contemporâneas.

A MASSIFICAÇÃO DA PRECARIEDADE JUVENIL

parents' pockets eroding retirement savings», ou seja, jovens cuja dependência da família de origem reduz drasticamente as poupanças de reforma dos pais), usado no Reino Unido, *mammone* (Itália), etc. Estas caricaturas sociais desviam a atenção dos processos que levam os jovens, um pouco por toda a Europa, mas mais frequentemente em países com maiores dificuldades económicas, a viver trajetórias habitacionais adiadas, difíceis ou interrompidas, assim como da forma como o funcionamento dos mercados de habitação e de trabalho «conspiram» para que a autonomia habitacional se conquiste mais tarde do que na geração passada. É, portanto, imediatamente assumido que os jovens permanecem em casa dos pais por opção «confortável» e não por constrangimento, e que este prolongamento da relação de dependência financeira e habitacional com os pais não é uma consequência direta da precariedade e da instabilidade laboral, ou até mesmo do desemprego, que caracteriza muitos dos percursos profissionais atuais.

Cair na referida falácia contribui, deste modo, para a impopularidade da «juventude de hoje em dia». Esta expressão popular baseia-se na tese, proposta pela maior parte dos media e acolhida por muitos, de que os jovens se recusam a crescer, a assumir compromissos e a adaptar as suas expectativas ao mercado de trabalho da vida real. Esta explicação pronta-a-consumir tem saciado a curiosidade pública e também política acerca das condições de vida da juventude, e falhado redondamente em informar os «fazedores de políticas» relativamente ao caráter flexível, voluntário ou não, das biografias de transição para a vida adulta na contemporaneidade. Com o intuito de resistir a este tipo de argumentação, algumas propostas de interpretação têm procurado afirmar-se como alternativa, nomeadamente na devida consideração da especificidade do tempo histórico-social vivido pela juventude de hoje, tendo sido batizadas, por exemplo, como geração «R» (de Recessão) ou «geração perdida». A ideia de «geração perdida» ilustra precisamente esta concepção dos constrangimentos e contrariedades na transição para a vida adulta atual, indo no entanto mais longe ao realçar o desemprego e a precariedade no emprego como um fenómeno multidimensional e com efeitos graves no bem-estar social, na satisfação no trabalho e na qualidade de vida. Relatórios oficiais da OIT acrescentam ainda que estes efeitos podem continuar a manifestar-se muitos anos depois do período de desemprego ou de instabilidade económica ter terminado. Mas porque a história se encarrega de se repetir, estas conclusões não deviam ser inesperadas. A este respeito, Glen Elder já tinha desenvolvido um estudo longitudinal sobre os indivíduos que eram crianças durante o período da Grande Depressão, seguindo as formas como a privação económica foi deixando marcas, ao longo do tempo, nas suas relações interpessoais, nas suas carreiras profissionais, nos seus estilos de vida e nas suas personalidades. Concluiu, entre muitos outros aspetos, que a severa privação económica levou mais tarde a um grave sentimento de inferioridade, a níveis de saúde e bem-estar baixos e a uma vida gerida com base num medo profundo de vir a sofrer novamente um período de insegurança económica.[3]

Inconciliação emprego-família
e o medo da precariedade

«Caiu de para-quedas. Por acaso, foi sorte». É assim que Leonor avalia parte da sua vida: como algo que lhe acontece, por sorte ou azar. Esta incapacidade em avaliar o alcance das suas ações impede-a de ser capaz de tomar decisões, vendo como irresolúvel a organização das «próximas etapas da vida». Leonor quer engravidar e quer ter um trabalho que a faça feliz. Por um lado, gostaria de conseguir decidir avançar para uma gravidez mesmo sabendo que o emprego onde é efetiva lhe proporciona elevados níveis de stress profissional, contexto que considera inadequado para levar a cabo uma gravidez. Por outro, não

---

[3] Glen H. Elder, *Children of the Great Depression*, Chicago, Chicago Press, 1974.

consegue abdicar da «estabilidade» profissional que considera ser necessária para avançar para a parentalidade. A situação está, deste modo, bloqueada pela incapacidade de contrariar a sua ética de trabalho (que se baseia em fazer sacrifícios em termos de qualidade do trabalho para se ser independentemente do ponto de vista financeiro) para satisfazer o seu desejo de ser mãe.

O contexto económico da precariedade

O estudo financiado pelo *Prince's Trust* (instituição de caridade, financiada pelo Príncipe de Gales, desde 1976) junto de jovens dos 16 aos 25 anos propôs o rótulo de «geração perdida», como paradigmático da dificuldade em encontrar trabalho e em mantê-lo, bem como em garantir, de forma continuada, uma fonte de rendimento; e de como essa condição de vida interfere com o bem-estar social e psicológico presente, produzindo, além disso, efeitos profundos no futuro. A este propósito é fundamental relembrar a forma como esta geração de jovens, porventura mais qualificada do que as que viveram as recessões do passado, responde e se adapta à recessão atual, construindo duplas carreiras e currículos compósitos, e mantendo uma forte determinação de sobrevivência que é, aliás, muito pouco reconhecida oficialmente e captada estatisticamente.

A *vida por turnos*

O primeiro dos «primos» sem curso superior, Luís decidiu seguir a sua vocação para uma profissão criativa do mundo das artes. Foi com alguma estranheza que esta decisão foi encarada no início, pelos pais, bem como o foi a sua decisão de ser pai aos 24 anos. Luís quis ser pai apesar de saber que «tínhamos tudo contra nós»: a casa pequena, não ter dinheiro para a creche, a insegurança laboral, querer continuar a estudar... Sabia que havia um preço a pagar por estas duas decisões «adultas», e paga-o todos os dias, numa admirável conciliação dos seus objetivos de vida, também eles multidimensionais. Organiza a sua vida por turnos: trabalha para se sustentar num emprego onde não se revê, estuda e investe na sua vocação, e estrategicamente se desencontra, nos turnos diurnos e noturnos, com a cônjuge, para que a filha estivesse, até aos 2 anos, sempre com um dos pais. Não há dinheiro para creches. E Luís não desiste de nenhum sonho. Aos olhos das estatísticas, é apenas um trabalhador em part-time.

Os jovens portugueses de hoje estão no sítio e hora errados. Dados do *Labour Force Survey* (Inquérito do Eurostat aplicado nos países da União Europeia sobre condições de trabalho e emprego) revelam que os jovens estiveram sempre mais expostos ao desemprego, independentemente do momento histórico. Esta maior vulnerabilidade não se manifesta apenas

NOVOS PROLETÁRIOS

relativamente ao desemprego, mas também ao subemprego, ao não-emprego[4], ao trabalho temporário e aos recentes recibos verdes (na maioria das vezes «falsos» ou, se se preferir, ilegais), ainda que alguns campos profissionais estejam mais protegidos destas realidades. Mas este padrão de precarização na inserção profissional tem-se agravado. Portugal tem taxas de desemprego dos jovens adultos entre os 25 e os 34 anos abaixo da média da União Europeia dos 27 no que toca aos níveis de escolaridade mais baixo, mas acima da média no que se refere aos níveis de escolaridade secundário e superior.[5] Portugal é igualmente um dos países em que a precarização do emprego mais aumentou nos últimos 20 anos.[6] Esta tendência de precarização ocorre num país onde o regime de «proteção» à transição para a vida adulta é caracterizado por uma negligência relativamente a políticas públicas que proporcionem aos jovens uma maior autonomia e

---

[4] Sobre o qual José Machado Pais (na obra de 2001, *Ganchos, Tachos e Biscates. Jovens, Trabalho e Futuro*, Porto, Ambar) se refere como «o mistério dos jovens desaparecidos nas teias das estatísticas do desemprego».

[5] «*Statistical portrait of the lifestyle of young people*», *Eurostat News Release*, 177/2009.

[6] Conclusões retiradas da análise de dados do *Labour Force Survey* por Luísa Oliveira e Helena Carvalho, compiladas na publicação de *Regulação e Mercado de Trabalho. Portugal e a Europa*, Lisboa: Edições Sílabo, 2010.

A MASSIFICAÇÃO DA PRECARIEDADE JUVENIL

mais recursos na construção das suas vidas, com baixas percentagens de emprego e com níveis significativos de trabalho informal. Em Portugal, mais de metade dos jovens ativos dos 15 aos 24 anos têm contratos temporários enquanto que, para os indivíduos dos 30 aos 54 anos, essa percentagem desce para os 16,6% (ainda que, em todos estes escalões etários, os valores de Portugal estejam bem acima da média da União Europeia dos 27). Não é fácil ser um «jovem de hoje em dia». Será mais fácil ser o «adulto de amanhã»?

«PROFISSÃO: BOLSEIRO»: PERSPETIVAS E PERPLEXIDADES DAS POLÍTICAS DE CIÊNCIA EM PORTUGAL

ANDRÉ PIRRALHA*

Foi em março de 2000 que Lisboa assistiu à celebração do acordo entre os países-membros da União Europeia que iria carregar o seu nome. A «Estratégia de Lisboa», como ficou conhecida, pretendia reconverter o Espaço Económico Europeu lançando as bases de uma «transição para uma economia e uma sociedade baseadas no conhecimento, através da aplicação de melhores políticas no domínio da sociedade da informação e da Investigação e Desenvolvimento». Este objetivo estratégico acabou por se transformar num dos principais projetos políticos da União e, neste contexto, vários países têm investido

---

* Bolseiro de Doutoramento.

na formação avançada de recursos humanos, principalmente nas áreas de ciência e tecnologia.

Em Portugal, o investimento foi sobretudo canalizado para programas de formação ao nível de doutoramento. Entre 1990 e 2006, o número de doutorados passou de 337 para 1276 por ano e já em 2010 foram atribuídos ou reconhecidos por universidades portuguesas mais de 1600 novos doutoramentos[1]. No entanto, apesar destes desenvolvimentos positivos, Portugal ainda está bastante afastado dos seus parceiros europeus e as estimativas apontam para um rácio de 1 doutorado para 51 licenciados, enquanto em Espanha este rácio desce para 1 em 30 e na Alemanha para 1 em 7[2]. Por outro lado, foram também criados programas para absorver estes novos investigadores altamente qualificados, nomeadamente através do programa Ciência, que na formulação de 2008 tinha o objetivo de integrar 1000 doutorados no Sistema Científico e Tecnológico Nacional até ao final de 2009.

Trata-se de um conjunto de fortes investimentos que não podem deixar de estar ligados ao compro-

---

[1] GPEARI (Gabinete de Planeamento, Estratégia, Avaliação e Relações Internacionais), www.gpeari.mctes.pt

[2] Relatório Deloitte Consultores, «Estudo comparativo de bolsas de doutoramento e pós-doutoramento», 2008, disponível em http://alfa.fct.mctes.pt/documentos/Relatorio_Deloitte_FCT_Bolsas_18_03_2008.pdf.

misso assumido de criar a *European Research Area* (ERA), também no contexto da «Estratégia de Lisboa». À semelhança do mercado único europeu, a ERA tem como objetivo promover a unificação do espaço comum de investigação – instituições e recursos humanos – e transformá-lo num «mercado interno» de modo a otimizar recursos e melhorar as condições de trabalho para investigadores comunitários e não-comunitários, para combater a já longa hegemonia científica norte-americana. Contudo, a contribuição dos trabalhadores em ciência – técnicos, docentes e investigadores – é o elemento determinante para o desenvolvimento de qualquer sistema tecnológico e científico e para o sucesso de todo este financiamento. No conjunto deste coletivo, pela sua diversidade e número cada vez maior, o grupo dos chamados «bolseiros» constitui um dos traços mais característicos das políticas de ciência em Portugal.

Os bolseiros em Portugal

É importante esclarecer que quando falamos de bolseiros referimo-nos a todos aqueles que desenvolvem atividade de investigação científica, pela qual recebem uma bolsa, ou «subsídio de manutenção mensal», por intermédio da Fundação para a

Ciência e Tecnologia (FCT) ou qualquer outra entidade financiadora. Dentro deste conjunto, é notória alguma ambiguidade proveniente do uso geral do termo bolseiros. Desde logo, quanto à sua natureza, pois as bolsas tanto podem incluir subsídios criados especificamente para a realização de teses académicas como subsídios para o desenvolvimento de projetos de investigação sem a exigência de uma tese. Assim, as bolsas de doutoramento ou pós-doutoramento, atribuídas em maior número, visam apoiar mais diretamente a formação avançada, enquanto outras são concedidas no âmbito de projetos científicos ou instituições com atividades de investigação e desenvolvimento (I&D).

O universo dos bolseiros é cada vez mais diversificado e abrange desde técnicos de investigação e licenciados (recentemente passou ainda a incluir-se estudantes de licenciatura) até qualificações ao nível do doutoramento e pós-doutoramento. Em 2011, a FCT financiou perto de 11 000 bolsas, entre doutoramento e pós-doutoramento, em Portugal e no estrangeiro[3], às quais se juntam ainda as bolsas financiadas por projetos de investigação das várias unidades do sistema científico que ninguém sabe ao certo quantificar,

---

[3] Dados disponíveis no sítio da FCT, em http://www.fct.pt/estatisticas/bolsas/index.phtml.pt

«PROFISSÃO: BOLSEIRO»

embora se já se tenham estimado em cerca de 3000. Apesar do número relativamente elevado de bolsas, neste mesmo ano de 2011 foram aprovadas menos de metade do total das candidaturas a bolsas de doutoramento e pós-doutoramento, o que revela a procura crescente por este tipo de programas.

Porém, este dado é também revelador da precariedade crescente no setor do emprego científico. A dificuldade em ingressar nas carreiras de investigação ou docência acaba por empurrar os investigadores para uma condição de bolseiro, de forma mais ou menos permanente, passando de uma bolsa para outra assim que seja possível. Em Portugal, ao contrário de muitos outros países europeus e das próprias recomendações da Comissão Europeia, de uma forma geral as bolsas não são um mero meio de financiamento temporário para a obtenção de um grau e é frequente que se mantenham durante anos enquanto única alternativa de empregabilidade para grande parte dos investigadores.

Contudo, mesmo em relação às bolsas de formação avançada, têm surgido algumas dúvidas alarmantes sobre o seu futuro. De fato, no relatório publicado em 2008 sobre o ciclo terciário de educação na Europa, a Organização de Cooperação e Desenvolvimento Económico (OCDE) foi bastante clara na defesa da «otimização da contribuição para o setor terciário da educação», apontando o caminho da partilha de custos entre o estudante e o Estado, nomeadamente adotando um sistema compreensivo de empréstimos a estudantes[4].

De resto, ainda em 2008, a FCT encomendou um estudo comparativo das condições das bolsas de doutoramento e pós-doutoramento ao nível europeu e concluiu que os montantes atribuídos eram superiores à média europeia[5]. Apesar das conclusões deste estudo, que além do mais exibia graves falhas metodológicas bem documentadas numa publicação da Associação de Bolseiros de Investigação Científica (ABIC)[6], desde o ano de 2002 que o valor das bolsas não sofre qualquer aumento o que significava, em 2009, uma perda de quase 20 por cento do poder de compra dos bolseiros face à inflação registada neste período[7]. No entanto, o novo regulamento de Bolsas da FCT, em vigor desde junho de 2012, ignora por

---

[4] www.oecd.org/document/12/0,3343,fr_2649_39263238_41313740_1_1_1_1,00.html.

[5] Relatório Deloitte, ibid.

[6] ABIC, «Parecer da ABIC sobre o Estudo comparativo de bolsas de doutoramento e pós-doutoramento», 2008, disponível em http://www.abic-online.org/documentos/docs_ABIC/Parecer_ABIC_sobre_Estudo_comparativo_de_bds_e_bpds.pdf.

[7] Cf. www.abic-online.org/documentos/docs_ABIC/perda_do_poder_de_compra-inflacao.pdf.

«PROFISSÃO: BOLSEIRO»

completo este fato e vem reduzir ainda mais os rendimentos e as condições de trabalho dos bolseiros. Neste novo regulamento foi reduzido o *plafond* das propinas em instituições no estrangeiro, bem como subsídios de viagem e participação em conferências.

Mesmo enfrentando estas difíceis condições, existe um certo preconceito generalizado dirigido aos bolseiros, uma ideia de que são estudantes privilegiados por trabalharem na sua área de eleição e ainda serem pagos por isso. No entanto, há que realçar a enorme contribuição dos diferentes tipos de bolseiros para o desenvolvimento do Sistema Científico e Tecnológico Nacional. Em 2004, um estudo efetuado pela ABIC – que seria muito importante voltar a conduzir –, concluiu que 26% das publicações científicas tinham entre os seus autores pelo menos um bolseiro e que estes não apresentavam uma produtividade inferior aos investigadores integrados nos centros de investigação[8]. Dado o desenvolvimento das bolsas em Portugal e o progressivo aumento do universo abrangido, será fácil compreender que estes números serão agora, muito provavelmente, superiores.

---

[8] ABIC, «Produtividade dos bolseiros de Investigação Científica em Portugal», 2004, disponível em www.bolseiros.org/pdfs/prod_bic.pdf.

A precariedade

Em 2005, a Comissão Europeia lançou a «Carta Europeia do Investigador», que tece um conjunto de recomendações aos Estados Nacionais quanto à gestão destes recursos. Uma das suas principais recomendações é que aos investigadores, principalmente aos mais jovens, sejam oferecidas melhores condições de trabalho e de formação, que também passam por mais e melhor estabilidade no emprego, e um tratamento não menos favorável que a outros trabalhadores com contratos que não sejam a termo certo.

Contudo, o movimento que se verifica na sociedade portuguesa em direção à precarização das relações de trabalho tem também deixado uma forte marca no universo dos bolseiros, aos quais não são reconhecidos alguns direitos e benefícios sociais fundamentais. Desde logo, é necessário notar a utilização recorrente do regime de bolsa em detrimento de contratos de trabalho.

Por um lado, são por demais conhecidos casos de bolseiros contratados de forma precária para suprir necessidades permanentes de funcionamento das instituições, sem que sejam integrados nas carreiras correspondentes. Por outro lado, a falta de contratos de trabalho e oportunidades de acesso à carreira de investigação leva à eternização da condição de bolseiro, apesar de muitas vezes terem qualificações

«PROFISSÃO: BOLSEIRO»

equivalentes e desempenharem as mesmas funções que investigadores de carreira.

O prolongamento e replicação destas condições, ano após ano, tem conduzido a situações particularmente graves, nomeadamente no que à Segurança Social diz respeito. Aos bolseiros é oferecida a possibilidade de aceder ao Seguro Social Voluntário que, no entanto, nega muitos privilégios constantes no regime geral da Segurança Social. A indexação das contribuições das bolsas ao salário mínimo, mesmo quando são de valor superior, acarreta penalizações no que toca à contabilização da carreira contributiva para efeitos de reforma e nos benefícios sociais.

Mesmo tomando em linha de conta a precariedade do setor, aos bolseiros não é concedida, por exemplo, a possibilidade de usufruir do subsídio de desemprego. Se a isto juntarmos a degradação dos valores das bolsas e o facto de exigirem dedicação exclusiva – pressuposto ainda mais reforçado no novo regulamento de bolsas da FCT, mesmo não contemplando o pagamento dos subsídios devidos aos demais trabalhadores com contrato, chegamos aos contornos mais evidentes da precarização do trabalho científico em Portugal. A tudo isto acresce os atrasos recentes de vários meses que se sabem existir nos pagamentos das bolsas aprovadas e dos reembolsos do Seguro Social Voluntário, e o mais que provável fim da isenção do IRS para os bolseiros.

Apesar de tudo, com exceção de algumas iniciativas da ABIC, não temos assistido a grande mobilização por parte dos bolseiros para mudar o atual estado das coisas. A explicação para este facto deve ser encontrada, em parte, no entendimento dos próprios bolseiros de que a sua situação é transitória. A biografia laboral dos trabalhadores em ciência é construída numa base de expectativa ascendente, fundamentada na ideia de que o seu nível de qualificação é suficiente para alcançar um posto de trabalho onde o desenvolvimento das suas competências seja possível, o que, de algum modo, impede o reconhecimento da sua situação atual como precária. Mas a proliferação contínua de bolsas em detrimento de contratos de trabalho, com tudo o que lhe está inerente, é uma forma de precariedade laboral que, aqui e agora, se transformou em tendência dominante.

ESTATUTO DA CARREIRA DOCENTE DO POLITÉCNICO: COMO MANTER A PRECARIEDADE

MARTA PINHO ALVES*

O ensino superior em Portugal caracteriza-se como um sistema binário constituído pelo ensino superior universitário e o ensino superior politécnico, dividindo-se ainda em outros dois subsistemas distintos: o público e o privado/cooperativo. A sua regulamentação é efetuada, desde 2007, pelo Regime Jurídico das Instituições de Ensino Superior (RJIES), lei que coligiu e revogou uma série de outros diplomas legais anteriormente em vigor, mantendo as especificações relativas ao universitário e ao politécnico. Isto significa que a diferenciação entre um ensino mais direcionado para a investigação teórica e outro de via profissionalizante persiste num quadro em que a

---

* Professora do Ensino Superior Politécnico.

vocação para cada uma destas tarefas, por parte destes tipos de ensino, parece cada vez mais indistinta e em que o processo de Bolonha reorientou a oferta formativa de ambos os subsistemas para a segunda modalidade. A formação inicial e o 2.º ciclo, não apenas no Politécnico mas também na Universidade, estruturam-se em função do saber fazer e da aquisição de competências, elementos que acentuam a dimensão da procura de produtividade, da obtenção de saberes técnicos e da definição de perfis profissionais, ou seja, um conhecimento mensurável e traduzível em resultados.

Se esta subdivisão do sistema de ensino superior é desadequada quando deixam de ser evidentes as diferenças nos dois modelos de ensino, é-o também no que diz respeito à regulamentação das carreiras do pessoal docente. Tendo em conta que quer os docentes do politécnico quer da universidade são submetidos a exigências similares de formação, de investigação e de publicações (e há tendência para uma cada vez maior uniformização nos critérios em discussão para a avaliação destes professores), seria expectável que as categorias profissionais para ambos os subsistemas se equivalessem e que as exigências de trabalho dentro das instituições, principalmente no que se refere ao número de horas letivas, fossem iguais, o que continua a não se verificar. Deste modo, a

ESTATUTO DA CARREIRA DOCENTE DO POLITÉCNICO

coexistência destas duas modalidades de ensino faz-se de forma desequilibrada, em claro prejuízo do ensino superior politécnico.

A carreira do pessoal docente do ensino superior universitário e do ensino superior politécnico apresentam estatutos distintos, ambos objeto de reformulação legal recente. No caso do ensino superior politécnico, tema que nos ocupa neste artigo, o estatuto da carreira do pessoal docente foi criado em 1981 tendo sofrido ao longo do tempo três pequenas modificações. A mais recente alteração e aditamento ao Estatuto da Carreira do Pessoal Docente do Ensino Superior Politécnico (ECPDESP) aconteceu em 2009, inscrita na reforma do ensino superior do programa do primeiro governo Sócrates e levada a cabo a escassas semanas do final da legislatura e em período de interrupção letiva. O contexto em que foi produzida e apresentada originou contestação por parte de professores e sindicatos, tendo havido, na sua sequência, outra alteração que incidiu, em larga medida, em mudanças no designado regime de transição a que se aludirá mais à frente.

A revisão do estatuto da carreira docente do ensino politécnico tem particular importância para a clarificação do futuro profissional de milhares de docentes que exercem a sua atividade nestas instituições, particularmente aqueles que se encontram em situação laboral precária e que, de acordo com os dados apurados pelos sindicatos, perfazem cerca de 70% do corpo docente. A percentagem anteriormente indicada corresponde a aproximadamente quatro mil docentes que, ao longo dos anos, se têm eternizado na situação de equiparados, o que significa que não pertencem à carreira, ocupando categorias equivalentes às previstas nesta, mas sem qualquer vínculo à instituição. Estes docentes têm suprido as necessidades das instituições mas foram penalizados pela não abertura de vagas que pudesse permitir a sua integração nos quadros. A maioria possui vários anos (em alguns casos, perto de duas dezenas) de serviço em tempo integral e com dedicação exclusiva à instituição, tendo progredido na sua formação académica (muitas vezes sem qualquer apoio, quer do ponto de vista financeiro quer na diminuição das cargas letivas atribuídas). Muitos destes docentes são frequentemente mantidos na categoria de equiparado a assistente, apesar da obtenção do mestrado ou do doutoramento, justificando as instituições esta situação por falta de dotação financeira. Do ponto de vista contratual, e ainda que a legislação anteriormente em vigor obrigasse as instituições a renovações de contrato por períodos de dois anos, muitos foram contratados por períodos inferiores, de acordo com critérios pouco claros e discricionários até dentro da mesma escola superior. Esta situação tem

ESTATUTO DA CARREIRA DOCENTE DO POLITÉCNICO

contribuído de forma evidente para a forte insegurança laboral dos docentes, com consequências graves na qualidade de ensino oferecida pelas instituições.

A nova lei aprovada em 2009 propunha-se criar condições para a vinculação às instituições dos docentes equiparados. O já referido regime de transição foi um dispositivo criado pela lei destinado a garantir aos docentes, com pelo menos 5 anos de serviço em regime de tempo integral ou em dedicação exclusiva e inscritos em doutoramento à data da sua entrada em vigor, um contrato por termo indeterminado após a conclusão do doutoramento (com um período experimental de cinco anos). O título de doutorado passou a ser (na generalidade dos casos) condição necessária para a integração na carreira, mas a lei estabeleceu um período de seis anos durante o qual estes docentes podiam concluir a sua formação. Ainda no momento da implementação destas medidas, a Fundação para a Ciência e Tecnologia (FCT) criou o Programa de Apoio à Formação Avançada de Docentes do Ensino Superior Politécnico (PROTEC), com o objetivo de apoiar as instituições onde os docentes desenvolviam a sua atividade profissional, mediante uma subvenção para a substituição a 50% de cada professor, durante o período de duração dos programas de formação.

Estas medidas foram encaradas como uma forma de criar um corpo docente estável para cada uma das instituições politécnicas e uma medida justa para os docentes em situação precária. No entanto, rapidamente a sua aplicação começou a ser posta em causa. Em muitos casos, como já foi referido, os docentes integrados no regime de transição são equiparados a assistentes. Com a conclusão do doutoramento e restantes requisitos da transição, estes teriam direito a integrar a carreira na categoria de professores adjuntos e a uma consequente alteração da sua posição remuneratória. O aumento do vencimento devido a estes docentes tem originado a não aplicação da lei, justificada pelo ponto da contenção de despesa da lei do orçamento que aparentemente a contradiz. Isto significa que de acordo com a interpretação de várias instituições de ensino politécnico, apenas os professores que já auferirem o rendimento equivalente ao da nova categoria podem ser abrangidos pelos benefícios propostos pelo regime de transição, ficando os equiparados a assistentes excluídos, apesar de terem cumprido os requisitos, ou integrados, sem contudo poderem receber o vencimento correspondente à sua nova categoria. Isto cria um cenário em que, por exemplo, um docente que tenha 15 anos de serviço integral e com dedicação exclusiva e que tenha integrado o regime de transição na categoria de equiparado a assistente e concluído o seu doutoramento no prazo definido, possa manter, por tempo indeterminado, uma posição remuneratória igual à de um docente que tenha apenas a licenciatura e que tenha começado este ano a lecionar. Sobre esta matéria, o Conselho Coordenador dos Institutos Superiores Politécnicos (CCISP) enviou em março de 2012 um pedido de esclarecimento ao atual Ministro da Educação e Ciência, Nuno Crato, que ainda não obteve resposta.

Quanto ao apoio prestado pela FCT à formação destes docentes através do programa PROTEC antes referido, o mesmo foi suspenso dois anos após o seu início. Apesar de os docentes estarem a cumprir regularmente com os requisitos que lhes são impostos e de terem assinado contratos com as instituições onde trabalham, indicativos da data de término do apoio (que para os docentes se traduz em pagamento de propinas e dispensa anual de 50% das atividades letivas), o acordo está a ser denunciado de modo unilateral por algumas instituições por falta das verbas provenientes da FCT. Isto cria a situação absurda de obrigar os docentes em causa a cumprir as datas estipuladas contratualmente para a conclusão do doutoramento, apesar de serem estes a custear as despesas relativas ao mesmo e a assegurarem a totalidade da carga letiva, perdendo o tempo que lhes tinha sido atribuído para consignar a essa tarefa. Estando as instituições debilitadas financeiramente por via dos cortes orçamentais sucessivos, estes docentes são ainda por vezes obrigados a ultrapassar largamente a carga horária semanal definida por lei.

Parece-nos claro que as novas regras que foram apresentadas como garantindo o fim da precarização da carreira docente do ensino superior politécnico não cumprem a sua função. Para além do incumprimento grave de algumas determinações, outros problemas podem ser encontrados.

A nova legislação aplicada ao ensino superior politécnico criou o título de especialista que, conforme os rácios estipulados pelo RJIES, deve preencher 35% do corpo docente de cada Escola. A existência deste tipo de docentes, cujo título pretende comprovar «*a qualidade e a especial relevância do currículo profissional numa determinada área para o exercício de funções docentes no ensino superior politécnico*» (Decreto-Lei n.º 206/2009 de 31 de agosto), fundamenta-se na definição do ensino politécnico, por oposição ao universitário, como orientado para a dimensão profissional. Embora a legislação aponte que o título em questão não exclui a hipótese de o docente ser simultaneamente doutorado, esta tipologia aceita a possibilidade da integração na carreira de docentes sem formação académica, o que se constitui como um claro contrassenso relativamente às exigências relativas aos restantes profissionais. Não obstante a elevada relevância profissional que alguns especialistas possam demonstrar, será difícil avaliar a justeza da atribuição destes títulos perante a pressão colocada sobre as instituições de ensino superior politécnico (elas próprias as avaliadoras) de preencherem a percentagens definidas por lei para constituição do corpo docente.

Esta situação pode provocar assimetrias entre os docentes que já integram as instituições, sendo que os candidatos a especialistas terão de prestar provas públicas com base no seu trabalho retrospetivo, avaliadas pelas instituições que pretendem integrar e onde já trabalham, enquanto outros terão de apresentar trabalhos de investigação novos e originais, que serão escrutinados pelas instituições responsáveis por lhes atribuir o grau de doutoramento. Além disso, muitos dos docentes que apresentaram a sua candidatura ao título de especialista abandonaram já há vários anos a carreira, dedicando-se agora em exclusivo à atividade docente, ou poderão vir a lecionar, como muitas vezes acontece em função da reorganização formativa das instituições, em áreas distintas daquelas em que obtiveram o título.

Outro problema ainda são as normas que virão a aplicar-se aos docentes que, a partir de agora, comecem a lecionar no politécnico e que serão contratados como professores convidados. Estes docentes, que no final do processo de transição constituirão 20% da totalidade do corpo docente, apenas em casos excecionais poderão ter contratos de dedicação exclusiva e de tempo integral e a renovação dos seus contratos não pode ter duração superior a quatro anos. Além disso, estabelece-se também que a abertura de concursos para estes docentes ou para os outros atualmente em transição estará sempre dependente da existência de cabimento orçamental, o que, mais uma vez, limita a legítima aspiração de ascensão na carreira.

Relativamente aos docentes que pertencem já aos quadros de pessoal, a nova lei configura uma alteração nas categorias de carreira, suprimindo a categoria de assistente e introduzindo uma nova categoria no topo da carreira, a de professor coordenador principal (equivalente ao professor catedrático da carreira universitária), à qual poderão candidatar-se os professores coordenadores de nomeação definitiva com agregação, e atribui a *tenure* (manutenção do posto de trabalho, ainda que noutra instituição, no caso de reorganizações) aos professores coordenadores, elementos que trazem adequados benefícios a esses docentes, mas defrauda as expectativas e intervenção de docentes e sindicatos ao não conceder também o reforço das condições de estabilidade de emprego e profissional aos professores adjuntos de carreira.

Outras questões se cruzam com estas, nomeadamente as atuais normas de financiamento do ensino superior que conduziram a maior parte das

ESTATUTO DA CARREIRA DOCENTE DO POLITÉCNICO

instituições a uma situação de asfixia financeira e a uma gestão que não se compadece com as decisões que seriam mais favoráveis aos requisitos pedagógicos e científicos de um ensino de qualidade; e a questão da avaliação dos docentes ainda em fase de grande indefinição. Em relação ao segundo tópico, de acordo com a lei, a avaliação de desempenho será efetuada com uma periodicidade trienal e de acordo com regulamento a aprovar por cada instituição de ensino superior que poderá ter por base critérios de cariz científico, pedagógico ou de participação nos órgãos da instituição. A avaliação terá efeitos na alteração do posicionamento remuneratório dos docentes, mas o montante disponibilizado para esta alteração será fixado anualmente pelo governo, o que significa que, ainda que a classificação obtida por um docente seja elevada, tal poderá não implicar um aumento salarial.

Perante este cenário, constata-se que o novo estatuto, que se propunha solucionar as questões de injustiça mais evidentes, não é capaz de fazê-lo dado o incumprimento das suas decisões e, na sua essência, não propõe medidas de fundo que visem colmatar a precariedade ou contribuir para a melhoria da qualidade do ensino superior politécnico. O ensino superior politécnico enfrenta assim uma grave situação de instabilidade refletindo as opções políticas dos anteriores e do atual governo na área da educação.

Estas medidas, alinhadas com o corte do investimento público em todos níveis de ensino, penalizam não apenas os docentes mas também o direito dos estudantes a uma educação de qualidade, gratuita e universal e impossibilitam o aperfeiçoamento do ensino superior como condição determinante para o desenvolvimento económico e social do país.

O MEU LOCAL DE TRABALHO
É UM APARTAMENTO
NO MARQUÊS DE POMBAL

ANA BIGOTTE VIEIRA*

A meio do espetáculo *Velocidade Máxima*, um dos três prostitutos com quem John Romão, o encenador, cocriou o espetáculo, dirige-se ao público em tom confessional e interpela-o com uma pergunta intrigante: «*Eu tomo hormonas para o meu corpo ficar mais inchado, mais bonito e atraente. É uma aposta no negócio. (...) O problema é que com estas hormonas fico sem ereção. Para mim é um sacrifício, porque quando as tomo não posso trabalhar e não ganho dinheiro e isso deprime-me, mas faz--me valorizar o investimento. Durante este período com hormonas penso em muita coisa, mas quase sempre na minha*

---

* Doutoranda em Ciências da Comunicação e Cultura (FCSH-UNL, bolseira da FCT) e Visiting Scholar em Performance Studies na Universidade de Nova Iorque (Tisch School of the Arts).

casa e na minha mãe. E eu me pergunto o que é resistência: insistência ou desistência? Eu não me sinto seguro ao fazer aquilo que faço e sei que não será para sempre. É uma medida de emergência para pagar algumas dívidas. Eu nem sei se quero viver para sempre na Europa (...)».

O que é resistência? Insistência ou desistência? Eis a pergunta que o jovem prostituto deixa no ar, aquilo em que pensa antes de pensar em segurança de vida.

A precariedade no trabalho cultural

Talvez a principal razão para ser tão complicado falar sobre este tema se deva ao facto de o próprio trabalho cultural ser estruturalmente precário: não só é dos que há mais tempo se define pela sua intermitência e pela grande circulação dos seus agentes (períodos sem atividade sucedem-se a períodos de intenso trabalho, pense-se nas rodagens dos filmes ou nos festivais de teatro), como a regra é o projeto (e cada vez existem menos companhias), cuja «real» execução comporta sempre uma grande quantidade de trabalho «invisível» (de planeamento, conceptualização, escrita, produção), muitas vezes feito durante períodos «mortos» em que se está oficialmente sem trabalho ou a viver à custa de outros empregos, frequentemente fora da área.

O MEU LOCAL DE TRABALHO É UM APARTAMENTO...

Ano após ano, concurso após concurso, artistas «velhos» e «novos» preenchem papéis onde calendarizam possibilidades futuras, para assim obterem financiamento para os seus projetos nos quais empregam outros artistas. Agendam coproduções e itinerâncias e tudo se planeia em função de apoios que, caso não venham, colocam em causa toda uma série de vidas pessoais e profissionais. Como seria de esperar, esta extrema insegurança cria desigualdades que potenciam um clima de competição e separação. Ao que se soma, na opinião pública, uma fomentada desconfiança face àqueles que um dia, muito infelizmente, alguém chamou de «os subsídio-dependentes». E ao que se acrescenta ainda o alarido sobre as miraculosas potencialidades económicas das cidades criativas.

Artistas, não artistas

Ao aqui se convidar para a conversa sobre a precariedade no trabalho cultural uma das «coisas» concretas que os artistas, depois deste demorado processo, fazem – neste caso o espetáculo *Velocidade Máxima* [VM], de John Romão, com dramaturgia de Mickael de Oliveira (escrita a partir de depoimentos de jovens brasileiros) –, procura-se emprestar-lhe lógicas de argumentação também suas, ou mesmo acrescentar-lhe algo do excesso que estas «coisas» procuram trazer à luz.

O espetáculo VM *«tem como génese a vídeo-instalação "Voracidade Máxima" dos artistas Dias & Riedweg (...) e pretende abordar, por um lado, as identidades transnacionais, a prostituição masculina e a relação entre sexualidade/economia, e, por outro, o papel do artista no mercado da arte»*, abordando o que há de comum entre a precariedade de toda a gente e a precariedade dos artistas. Uma partilha de traços que, contudo, apresenta as suas diferenças e especificidades.

É claro que a figura do trabalhador artista, neste caso em Portugal, tem características específicas e precisa ser reconhecida, respeitada, defendida, etc., e que o modo como o Ministério da Cultura, ao longo dos tempos e, agora, na figura da sua ministra, tem lidado com os artistas demonstra tudo menos respeito[1]. Mas também é importante encontrar, em simultâneo com estas especificidades (que têm de ser afirmadas – o facto de a «comunidade artística» ter reagido coletivamente é, a todos os níveis, relevante), um espaço partilhável que imagine o coletivo antes de o desenhar como corporativo. Um espaço tanto mais importante quanto as questões económicas, sociais e ideológicas que nos ritmam a existência são comuns

---

[1] Veja-se João Fiadeiro em «Nó cego», www.pisa-papeis.com/?q=node/12223.

a artistas e a não artistas, e quanto a dificuldade em responder-lhes deriva justamente da aparente desigualdade entre cada um (artista ou não) e cada qual.

De facto, é na suposta diferença dos «artistas» em relação à sociedade que muito do debate sobre a Plataforma das Artes (composta pelas Plataformas do Cinema, Dança, Teatro e Artes Plásticas) se tem jogado, seja para afirmar uma diferença que resultaria do caráter «obscuro» das suas práticas que, na opinião de José Pacheco Pereira[2], *«constituiriam um dos mundos menos conhecidos e escrutinados da vida pública»*, seja para afirmar uma diferença só passível de compreensão mediante mais educação[3]. Como bem se referiu António Pinto Ribeiro[4], o artigo de Pacheco Pereira *«não é inocente, antes prepara e condiciona a opinião pública, que já muito facilmente considera como desperdício os subsídios concedidos aos artistas»*.

---

[2] «O «culturalês» e o poder da autoclassificação», http://abrupto.blogspot.com/2010/07/coisas-da-sabado-o-culturales-e-o-poder.html.
[3] Vejam-se a este respeito algumas das respostas, tendo em conta que a sua diversidade atesta a vivacidade da referida «comunidade artística», em http://www.pisa-papeis.com/?q=opiniao. Que eu saiba, houve resposta de Bruno Bravo, Abel Neves, António Guerreiro e da própria Plataforma das Artes, respostas estas que muitas vezes se foram respondendo umas às outras e acrescentando pontos.
[4] www.antoniopintoribeiro.com/cms/?o-mundo-decadente-do-dr.-pacheco-pereira,62.

NOVOS PROLETÁRIOS

A ênfase nesta diferença entre artistas e não artistas deve ser pensada tendo em conta a sua ambivalência. Por um lado, só porque a «comunidade artística» se juntou é que se conseguiu constituir como força coletiva. Por outro, ao instituir-se uma divisão ontológica «artistas/não artistas» cria-se um isolamento em relação à sociedade, que responde com termos como o de «subsídio-dependentes». Como encontrar uma especificidade da atividade artística sem a construir como esfera separada? O que é que define o trabalho do artista e de que maneira é que isso hoje se afasta/aproxima do da «gente vulgar»[5] e do «político profissional»?

Paolo Virno, em *A Gramática da Multitude*[6] faz da figura do «virtuoso» – cujo paradigma seria o bailarino, o músico, o orador empolgado (o *performer*, em suma), aquele cuja atividade se cumpre em si mesma, sem que dela resulte a produção de um objeto exterior, e cuja atividade exige a *presença dos outros* – um eficaz objeto de análise das mutações pós-fordistas do trabalho. De acordo com o autor, *«com o nascimento da Indústria Cultural, o virtuosismo converte-se em trabalho*

---

[5] Ver também a *«Introdução» de O Governo das Desigualdades,* de Maurizio Lazzarato (tradução coletiva disponível na Internet).

[6] Paolo Virno, *A Grammar of the Multitude* (prefácio de Sylvière Lotringer), Semiotext(e), Nova Iorque, 2003.

massificado», porque nesta a *«atividade comunicativa, que em si mesma se cumpre, é um elemento central e necessário»*. Uma *«execução virtuosa»*.

Velocidade Máxima

O espetáculo de Romão, ao cruzar artistas e prostitutos brasileiros fazendo-os apresentarem-se enquanto figuras cuja empregabilidade depende de como se gerem e se vendem em potência, simultaneamente produto e empresário, num investimento quotidiano com consequências radicais ao nível dos corpos e das subjetividades – consegue, de modo muito eficaz, porque afetivo, dar-nos bem conta destas questões.

VM começa por ser muito irritante. Numa sala vazia de paredes velhas, onde, ao fundo, se destacam três rapazes de inquietantes máscaras de látex e, à esquerda, se pressente um piano, Romão vem à frente com um cheque gigante e expõe-nos em tom quase arrogante a quantidade de dinheiro que teve para fazer o espetáculo, quem financiou e quanto vão ganhar. Refere a sua condição de jovem artista, comenta o conceito de «novo», e fala-nos da concorrência brutal e de como é difícil para um jovem artista começar: *«Boa noite. O espetáculo* VM *foi apoiado pela*

*DGArtes no valor de 10 mil euros. O espetáculo é uma copro-
dução do teatro de La Laboral com o teatro das Astúrias, que
nos deu 7000 euros (...) Depois deste espetáculo (...) vai ser
difícil, porque, para já, o que pode ser considerado de «novo»
sofre da sua própria génese. Sofre porque é desconhecido,
sofre porque entra num mercado em que há um desfasamento
brutal entre a oferta e a procura. São mil cães a um osso».*

Terminada esta nota de apresentação, Romão
apresenta-nos os três prostitutos, traçando-lhes um
retrato tanto mais romântico quanto aproveita para
falar do tema da imigração em Portugal: «*Mas eu tenho
imenso orgulho em poder estar aqui esta noite e em poder
estar a pagar muito bem a esta pianista e a estes três rapazes
que estão aqui e que são prostitutos, são brasileiros, vivem em
Lisboa, não têm documentos, estão ilegais e não são atores.
Dois são homossexuais, um é heterossexual e nenhum está
aqui para foder (...) [Eles] são vendedores ambulantes. São
comerciantes do amor masculino. Comerciantes que vêm de
longe, de um país para nós exótico onde há favelas e praias
paradisíacas, um país distante que os nossos tetra-tetra-
-tetra avós saquearam e violaram porque nós somos o povo
da miscelânea».*

E, num discurso que contém já alguma da ambiguidade que caracterizará o espetáculo todo – a osci-
lação entre o fascínio com aquilo que os prostitutos
trouxeram a *VM* de «excesso» e a necessidade de com
eles através/eles falar da condição do artista novo –,

encontra-lhes um paralelo com esta sua condição: «*Eles também estão aqui porque são pessoas que me surpreendem, tenho vontade de estar com eles, tenho vontade de lhes pôr alguma luz em cima e ouvi-los ou então vê-los a mexer com o corpo que costuma apregoar o desejo noutras praças. (...) Mas pronto, isto tudo só para dizer que são tempos difíceis tanto para os imigrantes como para os novos artistas*».

Neste discurso de abertura, Romão aproveita para falar das condições de produção e de distribuição a que os artistas têm de se submeter, criticando duramente a aleatoriedade do poder pessoal dos programadores. Romão usa o trocadilho entre «Programadores» e «Garotos de Programa» para expor o processo de subjetivação do «novo» garoto de programa que tem de aprender a publicitar-se, a comportar-se. Os paralelos com a atividade artística são explícitos. «*Os programadores, eles, têm os dias muito mais fáceis (...) Apostam no que pode ser convincente, naquilo que o meio teatral já conhece (...) A maior parte do tempo eles dizem que não gostam daquilo que veem (...) Os garotos de programa, esses, não discriminam. (...) Ensinam aos mais novos como podem entrar no ramo, que passos devem dar, como fazer publicidade ao seu serviço, como escrever um texto e em que jornal publicá-lo e a que dias da semana, como falar com o cliente ao telefone, como não ser grosseiro, como dar-lhe tranquilidade, dizer que tudo vai correr bem*». E nisto vemos desenhar-se à nossa frente a figura paradigmática do trabalhador imaterial *em geral*: disponível, dependente de uma esfera pública, em constante upgrading, apta a uma circulação global: «*Eles* [os garotos de programa] *são os novos navegadores: trabalham por conta própria a mais de 4000 km de casa, usam tecnologias de ponta, trabalham via telemóvel e Internet, sabem vender a sua mercadoria como mais ninguém, e como qualquer outro negócio, eles têm o seu website*».

O discurso chega a um clímax em que Romão, dilatando e brincando com o próprio desespero, invoca a força da presença em cena dos jovens brasileiros, da sua própria *performance* virtuosa, do performativo e irrepetível do teatro: «*A sério, porra, vá vá, (de joelhos) eu quero que os programadores que estão aqui esta noite nos programem e é já! (...) Nós não valemos uma boa coprodução, que diabo? É que nós não defendemos o nosso trabalho com cafezinhos no Chiado, não, nós defendemos o nosso trabalho aqui (bate com o pé no chão)! Agora. Com estes corpos que vocês compram ou queriam comprar, com estes tipos que valem mil currículos, que valem mil artistas*». Ao que, se se entender esta parte como um prólogo, se segue o espetáculo propriamente dito.

Romão despe as calças e deita-se de rabo aberto virado para o público. Despem todos as calças e colocam-se em várias posições espalhados pelo espaço. O piano toca uma música triste que contrasta com os suaves movimentos de simulada penetração que todos fazem com os músculos. Um ambiente melancólico instala-se. Aqui e ali os corpos cedem e colapsam.

Resistência

VM é um espetáculo integralmente feito com o corpo, um corpo que se dá ostensivamente a ver na sua juventude de corpo masculino construído para ser comprado. Mas que, ao expor tão abertamente que se vende, mostra que nunca poderá inteiramente ser possuído, e nisto se constrói como forte. Há em *VM* uma bravura invulgar, uma espécie de «coragem de empréstimo» tomada à condição do jovem prostituto brasileiro para falar da condição do artista novo português, mas que é tão profunda que, ao mesmo tempo que elenca pontos e figuras que é necessário interrogar no atual mundo das artes (os artistas «velhos», «novos» e «emergentes», os programadores, o peso da crítica, os equipamentos, as coproduções, os projetos), nos transmite um retrato afetivo do trabalho imaterial no pós-fordismo. Fá-lo mais com os corpos do que com palavras, e não dá respostas. Que nos perguntam então os corpos em cena?

Em *VM* os corpos seminus sabem que estão a ser vistos. E assim é simultaneamente *para nós e para eles* próprios que dançam, simulam cenas de sexo, lutam, misturam-se com comida, contraem-se, tentam seduzir. E é também para nós e para eles próprios que desfalecem. Mas é da ambiguidade e ambivalência da alternância destes dois registos físicos (*insistência ou desistência?*) que o espetáculo se mostra tão eficaz. Porque não é nem de uma coisa nem de outra que se trata. É que estes prostitutos não apenas aceitaram performar com John Romão, como são muito virtuosos. E vê-se que o espetáculo, não obstante o desencanto que testemunha (acaba com prostitutos e artista a posarem com o número de telefone, qual anúncio erótico), transmite um inexplicável excesso de alegria e de energia.

A PROLETARIZAÇÃO DA ADVOCACIA

PEDRO RITA*

Tradicionalmente uma profissão liberal, porque livre do constrangimento da sujeição a um patrão, e tudo o que isso representa quanto ao modo, ao tempo e ao espaço de execução da atividade, a advocacia exerce-se hoje em termos bastante diferentes desses que se reportam a um tempo passado, no qual a liberdade e a independência do advogado eram tidas como características essenciais e indispensáveis ao exercício da profissão e impensáveis quaisquer relações de subordinação ou sujeição pessoal a um terceiro no desempenho da atividade. Porém, é neste contexto de subordinação que muitos advogados atualmente exercem a sua atividade, aos quais, só por tradição ou com um disfarçado cinismo, se pode continuar a chamar profissionais liberais.

---

* Advogado.

NOVOS PROLETÁRIOS

Este fenómeno de proletarização da advocacia, para alguns advogados, sobretudo entre os mais velhos ou mais protecionistas de um certo mercado, é expressão do processo de degradação que atinge a profissão do foro, uma profissão com «*indiscutível poder de intervenção na sociedade portuguesa* e que *constituiu ao longo do século XX uma importante plataforma de recrutamento e reprodução das elites nacionais e internacionais, quer no interior de si mesma, quer como via de acesso a outros domínios de atividade, avultando o político, o económico e o administrativo-burocrático*».[1] Outros (que não todos os outros) advogados há que, não sem uma certa inocência ou voluntarismo, se entusiasmam com essa proletarização da advocacia, pelo que ela poderia representar no plano da possibilidade de reconhecimento legal ou judicial de direitos laborais.

Sobre estas perspetivas, dir-se-á que, se a ideia de que o exercício liberal de uma profissão é mais digno do que o desempenho profissional no quadro de uma relação de trabalho subordinado não encontra justificação senão numa visão conservadora e elitista da forma de organização do trabalho, é igualmente certo que o surgimento *de fato* de relações tipicamente

---

[1] Miguel Chaves, *Confrontos com o Trabalho entre jovens Advogados as novas configurações da inserção profissional*, Lisboa, Imprensa de Ciências Sociais, 2010, p. 17.

A PROLETARIZAÇÃO DA ADVOCACIA

laborais na advocacia não se traduziu em qualquer melhoria das condições de trabalho da maioria dos advogados. Na realidade, antes as tornou mais difíceis de suportar e contrariar, pois esse fenómeno de proletarização não se manifestou na constituição de vínculos de trabalho formais, que ofereceriam outras garantias de segurança e defesa aos advogados perante as suas entidades empregadoras.

A proletarização da advocacia acabou por trazer para muitos advogados, sobretudo para os que prestam a sua atividade na dependência e a favor das sociedades de advogados, o pior dos dois mundos: à insegurança típica da profissão liberal (insegurança essa que noutros tempos era compensada pelo rendimento obtido) veio juntar-se a sujeição pessoal característica da relação de trabalho subordinado, ainda que informal, situação mais grave nos tempos que correm, em que a precariedade se instalou como regra nas relações de trabalho.

A multiplicação das sociedades de advogados é hoje um dado essencial na avaliação do ambiente laboral dos advogados. O exercício profissional da advocacia era tradicionalmente feito em solitário, tendo, porém, nos últimos anos, vindo a crescer o número e a dimensão das sociedades de advogados. Apesar de ainda subsistirem muitos profissionais que preferem manter um exercício individual da atividade, com o seu escritório e numa ótica quase familiar de negócio, é cada vez maior o número dos que optam ou, uma boa parte, se veem forçados a exercer a profissão no âmbito societário. A otimização dos custos, a maior capacidade de angariação de clientela, a segurança económica e a especialização científica que a associação com outros advogados pode assegurar, de um lado, e a oferta a lugares de estágio e de oportunidades de carreira, do outro, estão entre os principais motivos que explicam essa realidade. As sociedades de advogados funcionam, no essencial, como empresas, estando dotadas de uma força de trabalho especializada na prestação de um serviço que desenvolvem com fins lucrativos.

Os advogados que são sócios das sociedades têm normalmente ao seu serviço outros advogados, os associados e os estagiários (licenciados em Direito que se encontram, pelas regras profissionais da advocacia, parcialmente limitados no exercício da profissão), encontrando-se as funções de todos eles, no quadro organizativo de trabalho, bem definidas. Enquanto titulares das participações societárias, os sócios concentram a totalidade dos poderes de administração e de decisão sobre os assuntos da sociedade, não sendo raro que as suas funções se limitem à angariação de clientela e à gestão da sociedade, situação que é proporcionada pelo facto de a organização societária, com o contributo de associados e estagiários, permitir que os advogados-sócios se comprometam a uma quantidade de trabalho que, se estivessem unicamente dependentes da sua força de trabalho, não teriam capacidade de satisfazer. São ainda os sócios das sociedades de advogados quem recebe e distribui os dividendos da atividade. Os associados e os estagiários, por sua vez, não têm qualquer participação na gestão da sociedade, encontrando-se numa situação próxima à dos trabalhadores com contrato de trabalho, sujeitos ao mesmo tipo de obrigações, embora sem os mesmos direitos. Recebem instruções dos advogados-sócios, prestam a sua atividade no local por estes definido, com os meios que os mesmos lhes põem à disposição e cumprindo os horários que eles lhes determinam. Apesar de exercerem a sua atividade neste quadro que se pode definir como tipicamente laboral, na dependência, sob a sua direção, por conta e no interesse dos sócios e da sociedade, os associados e os estagiários não beneficiam de qualquer vínculo formal dessa natureza e, consequentemente, dos direitos que o mesmo implica. Como em muitas outras atividades, a prática da falsa prestação de serviços está presente na advocacia e é uma das condições determinantes da precariedade em que muitos advogados desenvolvem a sua atividade.

Pelas condições precárias dos associados e dos estagiários, e especialmente destes últimos, não pode deixar de se responsabilizar a Ordem dos Advogados, a associação profissional a quem o Estado atribuiu amplos poderes e competências na regulamentação da advocacia, e que, embora incompatíveis com o Regime das Associações Públicas Profissionais recentemente aprovado pela Lei n.º 6/2008, de 13/2, se mantiveram inalterados, por via de uma muito discutível disposição transitória (art. 36.º), cuja constitucionalidade pode, com todo o fundamento, ser posta em causa. À Ordem dos Advogados compete, designadamente, *«atribuir o título profissional de advogado e de advogado estagiário, bem como regulamentar o exercício da respetiva profissão, zelar pela função social, dignidade e prestígio da profissão de advogado, promovendo a formação inicial e permanente dos advogados e o respeito pelos valores e princípios deontológicos, e exercer, em exclusivo, jurisdição disciplinar sobre os advogados e advogados estagiários»* (art. 3.º do Estatuto da Ordem dos Advogados – EOA). Cabendo-lhe, então, regulamentar as condições do exercício da profissão, a Ordem dos Advogados poderia estabelecer um estatuto e regime profissionais para os associados e estagiários que reconhecesse a natureza essencialmente laboral da atividade por eles prestada a favor das sociedades de advogados. Porém, não só a Ordem dos Advogados não produziu regulamentação nesse sentido, como, no que respeita em particular aos estagiários, tem vindo a implementar regras que mais acentuam a precariedade da sua condição.

O Regulamento de Inscrição de Advogados e Advogados Estagiários (Regulamento n.º 232/2007, de 4/9) e o Regulamento Nacional de Estágio (Regulamento n.º 52-A/2005, de 1/8) são, em conjunto com o já referido EOA, os principais instrumentos legais que permitem à Ordem dos Advogados controlar o acesso à atividade. Aí se definem, nomeadamente, os pressupostos de inscrição e os requisitos para aceder ao estágio. Fixam-se os direitos e deveres dos estagiários, bem como os dos respetivos patronos, os advogados que aceitam patrocinar o estágio e a quem cabe orientar os estagiários e prestar-lhes a formação profissional necessária. Sobre os deveres dos patronos para com os estagiários, destaca-se, por tudo o que sugere, a inexistência de qualquer regra que imponha a obrigatoriedade de remunerar o trabalho que estes prestem por conta e no interesse daqueles, situação agravada recentemente com o aumento da duração do período de estágio. Foi esta a resposta encontrada pela Ordem dos Advogados perante a proliferação de licenciaturas em direito e a implementação do processo Bolonha nas universidades, uma resposta que cobardemente faz recair sobre os recém-licenciados em direito as consequências do desastre das políticas governativas que ao longo dos anos têm sido adotadas. Demonstrando toda a sua vocação corporativista, a Ordem dos Advogados é cúmplice de uma situação que afeta gravemente a dignidade profissional dos estagiários e constitui um elemento fundamental da precariedade da sua condição.

Ainda sobre esta associação profissional, um último aspeto merece nota. Expressão da sua natureza antidemocrática é a circunstância de em eleições para os órgãos que a compõem ou em decisões coletivas em matérias orçamentais, por exemplo, os estagiários estarem excluídos da participação nas respetivas votações. Com isto, afasta-se os estagiários da vida política da associação profissional a que estão obrigatoriamente vinculados durante, neste momento, cerca de três anos, acentuando-se, por essa via, o estado de subordinação em que se encontram perante a Ordem e os seus patronos.

A verdade é que a regulamentação a que se tem vindo a fazer referência tem origem numa conceção da organização da profissão e das relações entre os respetivos profissionais que ignora, ou pretende ignorar, as diferenças de classe existentes. Só isso explica o tratamento indistinto que se dá, por exemplo, aos advogados que são sócios das sociedades e aos que não o são e trabalham na sua dependência e em seu favor. Considera-se que todos têm os mesmos interesses e estão em iguais circunstâncias, pelo que a todos se aplicam as mesmas regras. Nada mais falso. A situação dos advogados que são sócios das sociedades não é, nem remotamente, comparável à situação dos associados e estagiários. Desde logo, pelo fato destes dependerem economicamente dos primeiros. Da mesma forma, não se pode comparar a realidade dos advogados já estabelecidos no mercado com a realidade dos estagiários, acabados de chegar à profissão e limitados na capacidade de exercício profissional. Nestes e noutros casos, há, indiscutivelmente, diferenças nas condições de poder e liberdade dos advogados que deveriam estar expressas na regulamentação da atividade. No quadro vigente, em que todos são tratados por igual, é a desigualdade que se promove e perpetua.

A precariedade está por todo o lado e está também instalada na advocacia, não sendo possível ignorar a sua incidência geracional, com os advogados mais jovens, de forma perversa, a serem os principais penalizados. A precariedade está na insegurança do vínculo de trabalho dos associados e estagiários e no espírito manso e obediente que ela promove. Está na ausência de proteção social em caso de despedimento ou em matéria de parentalidade. Está no sistema de progressão na carreira dentro das sociedades de advogados. Está na condição dos estagiários, explorados durante o

estágio e dispensados no final para que outros estagiários venham ocupar o seu lugar na exploração. Está na
falta de democracia interna na Ordem dos Advogados
e na concentração de poderes que nela ocorre. A precariedade está nas mais de dez horas de trabalho por
dia e nos seis ou sete dias de trabalho por semana que
tornam impossível o descanso físico e mental, indispensáveis à saúde de quem vive. Está na ausência de
tempo para o lazer e para o ócio. Está ainda e também
no trabalho que é prestado, um trabalho que se torna
em pouco tempo rotineiro e enfadonho. A precariedade está, no fundo, na condição de absoluta sujeição
de muitos advogados ao trabalho e aos seus *patrões*,
bem como nas diferenças abissais dos rendimentos
obtidos pelos sócios das sociedades e os que para eles
trabalham.

E todavia, esta realidade, apesar da especificidade
de alguns dos seus termos, corresponde ao que se
apresenta diante de nós como o paradigma da relação
de trabalho capitalista do século XXI.

VAMOS BRINCAR AOS JORNAIS

JOÃO PACHECO*

Se estivesse a escrever para outro jornal, teria de explicar ao pormenor o que é trabalhar de forma precária. Nestas páginas – parto do princípio – todos já sabem que há cada vez mais gente a trabalhar em Portugal sem direito a férias, sem proteção na doença, sem direitos de paternidade ou de maternidade. São pessoas que trabalham muitas vezes sem ordenado fixo, que passam os chamados recibos verdes ou trabalham através de empresas de trabalho temporário. São pessoas que têm contratos a prazo ou que simplesmente recebem o ordenado num envelope, em dinheiro («Toma lá e não digas que vais daqui»). Se ficarem grávidas, perdem o emprego. Se estiverem doentes, nada recebem. Esta realidade é ilegal, mas acontece por todo o lado e a cada vez mais pessoas.

---

* Jornalista e membro dos Precários Inflexíveis.

NOVOS PROLETÁRIOS

Tanto no Estado (ministérios, escolas, institutos, autarquias...), como nas empresas (pequenas, médias, grandes ou enormes) e até nas Instituições Privadas de Solidariedade Social.

A precariedade é um roubo e o abuso foi-se generalizando. Sendo assim, será mais do que esperável encontrar precários atrás de grande parte das notícias, das entrevistas e das reportagens que vamos lendo, ouvindo e vendo. O processo é igual em todos os jornais, televisões e rádios do setor privado. A diferentes velocidades, as redações vão caminhando para o vazio da precariedade. Quando sai alguém dos quadros de algum jornal, rádio ou televisão, não se pense que entrará na legalidade algum dos precários que lá trabalham. Não, nada disso. O trabalho a mais passará a ser repartido entre jornalistas precários, sempre descartáveis e sempre sozinhos e desesperados o suficiente para aceitarem qualquer coisa. Chegou a crise? Tudo bem, cortem--nos os honorários para metade. É preciso fazer um favor a uma empresa ou a um ministério? Lá vou eu. O jornal vai vender uns livros ou uns filmes de determinado autor? Ótimo, eu farei publicidade mascarada de jornalismo, para se falar desse autor nas semanas que antecedem a venda desses «produtos associados». Afinal, sou só um precário, sou quase ninguém. Faço o que for preciso.

Logo nos primeiros passos, o esquema está montado. A entrada na profissão acontece de uma forma injusta, com os jornalistas a fazerem estágios que normalmente não são pagos. Apesar de se supor trabalharem como qualquer jornalista da casa, produzindo notícias, entrevistas, perfis ou reportagens que chegarão ao público sem qualquer menção de que foram feitas numa situação de estágio. «Curricular» ou «profissional», chamem-lhe como quiserem. Se o estágio correr bem, se o jornalista ou a jornalista tiverem sorte, dá-se a grande conquista: passam a trabalhar à séria. «À séria», mas sem direitos. Passam a ganhar uns dinheiros por peça feita ou uns dinheiros por mês, contra a apresentação prévia de um recibo daqueles que deveriam servir apenas para empresários a título individual. Por regra, não há uma tabela e tudo é pago a olhómetro, pelo menos um mês depois da publicação. Haja ou não uma tabela de honorários, quanto maior for o número de artigos que alguém consegue publicar, menos receberá por cada artigo.

Dependendo dos casos, os jornalistas precários podem propor ideias ou fazem apenas o que lhes é indicado pelos editores. Normalmente, os editores não são vistos como os maus da fita. O mais comum é estabelecer-se uma relação de amizade mais ou menos próxima. Não se trata da relação simples do chefe com o trabalhador; nada está escrito à partida, tudo pode acontecer. E daí as arbitrariedades que se sucedem, com um quotidiano em que não se pode perguntar porquê. Porque é que vamos receber este valor por um trabalho, porque é que aquela frase foi cortada? Não se sabe, não se pergunta. É melhor passar à frente, porque a pergunta mais importante é sempre esta: será que amanhã vou trabalhar?

Se os editores são vistos quase sempre como os bons, os maus quase não são vistos. Os maus estão lá para cima, lá para longe, intocáveis e por vezes quase anónimos. A empresa não pode, a empresa passa dificuldades, não vale a pena sonhar com uma situação melhor, quem vos incutiu esperanças de um lugar no quadro não tem noção da realidade, a imprensa vive dias difíceis... Há todo um argumentário.

A partir do momento em que o jornalista começa a trabalhar como jornalista precário, essa é a sua realidade. Nas conversas mais ou menos oficiais, nos e-mails, nos contactos diários, há «os jornalistas» e há «os colaboradores». Quem são os inimigos dos colaboradores? Os jornalistas, pois claro! São eles que impedem a entrada no mundo inatingível dos com-direitos. A empresa, coitada, faz o que pode. É a crise. É a crise? Mas brincamos, ou quê? Andamos a brincar aos jornais? Quem não tem dinheiro para os bifes, não abre restaurantes. Mas qualquer um pode manter abertos os órgãos de comunicação social tendo dívidas por pagar a trabalhadores precários. Dívidas em dinheiro de honorários, dívidas de despesas feitas em trabalho, dívidas de direitos que existem mas nunca foram aplicados. Como o direito a férias ou à proteção na doença, como o pagamento da Segurança Social e a proteção numa eventual situação de desemprego. Tudo isso é dinheiro. E tudo isso fica nos bolsos de quem ocupa com suposta honra os cargos de administração. Escreve-se que «fulano é administrador» ou que «fulano é empresário de comunicação social». Dar-me-ia vontade de rir se a situação não fosse tão séria, tão grave.

Pelo caminho, o precário vai falando com toda a gente na qualidade de jornalista daquele órgão de comunicação. E quem tem de saber sabe: o jornalista do outro lado da linha é um precário. Quem escreve aquele e-mail é um precário, quem aparece aqui para uma entrevista é um precário. É alguém que não sabe quando vai receber. Nem como, nem quanto, nem porquê.

É este o jornalismo que vamos tendo cada vez mais, enquanto o grupo de cidadãos que faz jornalismo profissional é cada vez mais um grupo flutuante de pessoas muito jovens e que vão fazendo uma perninha no jornalismo. Enquanto não se desiludem, enquanto não encontram melhor.

As fontes sabem, as agências de comunicação sabem, os visados sabem que quem está do outro lado no papel de jornalista está numa posição economicamente desfavorável, quando não inviável. Não há segredos, é como em alguns países do chamado terceiro mundo, onde todos sabem que os polícias de trânsito recebem salários miseráveis, quando os recebem. Que tipo de legalidade se pode esperar de um país assim, que regras de trânsito temos de cumprir?

Não é preciso corrupção nem censura quando os jornalistas trabalham sem direitos, suspensos no vazio de não saberem com o que contar. Basta deixar a natureza fazer o seu caminho, basta confiar na autocensura. É ridículo falarmos em liberdade de imprensa quando cada vez mais jornalistas vivem e trabalham em Portugal neste limbo, sob sequestro laboral. E sem liberdade de imprensa, que tipo de democracia poderíamos ter?

Cada vírgula, cada palavra, cada passo pode significar a ausência de trabalho e até o fim da estrada no jornalismo. Não porque podemos ser responsabilizados criminalmente pelos nossos erros, mas porque podemos ser apagados rapidamente por termos pisado os calos de alguém. E se um precário perde o trabalho em determinado jornal, perde quase sempre a hipótese de trabalho em todos os jornais, revistas, rádios ou televisões do mesmo grupo económico. Sabendo-se como a propriedade dos meios de comunicação social está cada vez mais concentrada nas mãos de meia dúzia de empresas, quem perde o trabalho algures terá poucas alternativas noutros lados. Na melhor das hipóteses, chegará ao novo local de trabalho no estado de desespero de quem está disposto a aceitar tudo, em troca de quase nada. Nestas circunstâncias, é fácil perceber porque é que muitos jornalistas não se sindicalizam nem se organizam autonomamente dentro das empresas onde trabalham, é fácil perceber porque é que a precariedade dos jornalistas é um tabu. Mais vale não levantar ondas, se queremos continuar a trabalhar.

É cada vez mais assim o jornalismo português, à imagem do resto da sociedade. Digam-me um nome de um jornal, de uma revista, de uma rádio ou de uma televisão privada de dimensão nacional que não se aproveite de precários. Se houver um só órgão de comunicação social privado nessas condições, tiro-lhe o chapéu com espanto.

As leis não se cumprem. Então os maus são os empresários e os bons são os coitadinhos dos trabalhadores? Não, nem por isso. É do Estado a responsabilidade principal desta lei da selva em que vivemos e em que fazemos jornalismo. Ou seja, a responsabilidade é dos governos que se vão sucedendo na mesma inação estratégica.

Não querendo fazer de advogado do diabo, é preciso admitir que se um órgão de comunicação social vive em parte da exploração de precários, será mais difícil à concorrência abdicar dessa fonte de rendimentos. Se todos precarizam, porque haveríamos de ser nós a «dar» direitos aos jornalistas? Como é que teríamos lucros?

Pois... O Estado é que tem de garantir que a lei é cumprida por todos, acabando com as desculpas de mau pagador. O grande problema é o facto de o Estado viver numa posição caricata de pseudo-legalidade, em que há precários até entre os próprios trabalhadores da famosa ASAE (Autoridade de Segurança Alimentar e Económica), onde autarquias e institutos, hospitais e escolas vivem de precários a recibo verde ou a contrato ou em estágio. Quando é feita uma denúncia, nada acontece. Ou acontece que os precários vão para a rua. Sem nada. E quando esses casos ocorrem, quem os poderia relatar ao resto das pessoas? Sim, os jornalistas. Só que não dá, não podemos falar disso. Andamos muito ocupados com uma pergunta: «Será que amanhã vou trabalhar?».

JOVENS JORNALISTAS:
ENTRE SONHO E DESESPERANÇA

LILIANA PACHECO*

Nos tempos recentes, vários acontecimentos têm levado o desemprego jovem e a precariedade para a agenda pública. Debruçar-nos-emos aqui sobre um tipo de precariedade particular, aquela a que estão submetidos os jovens que fazem a própria agenda pública: os jovens jornalistas.

Existe ainda uma visão encantada do jornalismo, amplamente difundida pela elite jornalística. No entanto, o quotidiano da maioria destes profissionais é bem menos «glamoroso» do que a imagem transmitida por alguns jornalistas-vedeta, que são aqueles a quem é conferida maior notoriedade, mas que não representam a imensa massa de anónimos que desempenham a profissão.

---

* Doutoranda em Ciências da Comunicação (ISCTE-IUL) e investigadora do CIES-IUL.

NOVOS PROLETÁRIOS

Não é possível descolar a situação dos jovens jornalistas do que se passa no setor dos *media* em Portugal. Entre 2008 e 2011, o mercado de publicidade em Portugal perdeu quase 200 milhões de euros, o que corresponde a uma quebra de cerca de 26%. Os anunciantes cada vez dependem menos dos *media* para chegarem aos consumidores, fazendo-o através de novos atores (*players*), como o Google, a Apple ou as redes sociais, o que os deixa numa situação ainda mais vulnerável.

A contração do mercado da publicidade reflete-se imediatamente em despedimentos de jornalistas e esvaziamento de redações. Estima-se que, entre 2006 e 2010, as empresas de *media* em Portugal tenham perdido cerca de 500 trabalhadores[1].

Numa análise do Sindicato dos Jornalistas a dados fornecidos pela Caixa de Previdência e Abono de Família dos Jornalistas (CPAFJ), conclui-se que, entre 2009 e 2011, deram entrada 388 processos para subsídio de desemprego, 89 para subsídio social de desemprego, 29 para subsídio global e nove para subsídio parcial, num total de 516 novos processos.

---

[1] Só na imprensa, houve uma redução de 452 «colaboradores» entre 2006 e 2010, um número que salta para os 500 com o acrescento das televisões e rádios (http://forumjornalistas).

A análise dos dados disponíveis mostra uma importante relação entre o volume de pedidos de subsídios e os níveis de concentração da propriedade de meios de informação, como se demonstra observando os processos relativos aos últimos três anos. De facto, no triénio considerado (2009-2011), concluiu-se que, das empresas e/ou grupos económicos que geraram mais processos, dez delas responderam por 342 novos pedidos de subsídio de desemprego, ou seja, mais de 88% do total.

No ano passado o grupo que gerou mais pedidos de subsídios de desemprego foi a Cofina (detentora do *Correio da Manhã*, do *Record*, do *Jornal de Negócios*, dos dois diários gratuitos e de várias revistas), mas no triénio 2009-2011 foi o grupo Controlinveste (dono do *Jornal de Notícias*, *Diário de Notícias*, jornal *O Jogo*, entre outros) quem gerou mais processos para subsídios – 101.

Por outro lado, e citando o mesmo estudo do Sindicato de Jornalistas, as cessações de contrato e o desemprego que se lhes segue têm efeitos mais graves nas micro e pequenas empresas de comunicação social locais e regionais (de imprensa e rádio), nas quais os salários são mais reduzidos, o que se reflete nos valores dos subsídios de desemprego. O sindicato alerta ainda para que os jornalistas e outros trabalhadores das micro e pequenas empresas têm menos

NOVOS PROLETÁRIOS

capacidade negocial para acordar cessações de contrato aceitáveis e são frequentemente confrontados com a «garantia» de documentação para entrega nos centros de emprego como «compensação» suficiente pelo seu despedimento e por meses ou anos de incerteza e falta de trabalho.

A persistência do problema do desemprego dos jornalistas ao longo da última década acarreta profundas consequências: não só para os profissionais diretamente afetados (e para lá da dimensão social do problema), mas também para o próprio setor e para a qualidade da democracia. Se os processos de rescisão afetavam normalmente os efetivos mais antigos, já começaram a chegar aos mais novos[2] – porque os mais velhos já foram saindo entretanto e porque os mais jovens são ainda confrontados com os intermináveis estágios, com os «recibos verdes», com a não renovação de contratos a termo e a não integração nas empresas.

Acresce que a verdadeira dimensão do grupo dos jornalistas profissionais portugueses permanece uma incógnita[3], porque nem todos têm carteira profissio-

---

[2] Ver Estudo do Sindicato dos Jornalistas, www.jornalistas.eu.

[3] No estudo de Maria da Conceição Sequeira Gonçalves, *Jornalistas sem Carteira: as sobras de um inquérito*, constata-se que, dos mil respondentes ao I Inquérito Nacional aos Jornalistas Portugueses (1990), 397 exercem a profissão sem qualquer título profissional.

nal, o que desvirtua as análises empíricas interessadas em verificar, por exemplo, o real grau de precarização laboral a que se sabe estar submetido grande número de pessoas. Todos estes problemas, nomeadamente ao nível da falta de recursos financeiros e humanos nas redações, trazem implicações sérias no pluralismo e na diversidade de conteúdos transmitidos pelos *media* portugueses.

Apesar do aumento do desemprego e da precariedade, e dos cortes nos salários, as despesas globais com remunerações nas empresas de *media* têm crescido: entre 2006 e 2010, aumentaram 7%. Este aparente paradoxo deve-se ao crescimento nas remunerações pagas aos conselhos de administração. Entre 2006 e 2010, os custos com administração no setor passaram de 2,5% para 3% das remunerações totais, o que pode significar quantias maiores distribuídas por menos pessoas[4].

Os jornalistas mais jovens acabam por ser alvo de muitos dos efeitos descritos, porque são os elos mais fracos na cadeia de produção: com a diminuição do mercado de trabalho provocado pela queda das receitas publicitárias, maior é a dificuldade para aceder a um lugar e maior também a probabilidade de se ficar numa situação precária.

---

[4] Custos com remuneração das administrações sobem 13% (http://forumjornalistas.wordpress.com).

NOVOS PROLETÁRIOS

A precariedade é inevitável?

A tendência para a precariedade do emprego jornalístico não só se confirma como se acelera, de ano para
ano, a nível transnacional. A realidade deste novo tipo
de proletariado, comparável em muitos aspetos à da
classe industrial do século XIX, é também diferente:
estes «novos pobres» da produção simbólica são proprietários de características (origens sociais, capital
cultural, disposições de partida) que lhes permitiram
criar outro tipo de expectativas[5].

Uma tipologia da profissão de jornalista é proposta
por Fernando Correia[6]: uma pequena elite, que tem
visibilidade social e usufrui de recompensas acima
da média; os jornalistas intermédios (dos órgãos de
comunicação nacionais e regionais, jornalistas de
agência, de imprensa especializada, etc.); e, por fim, os
jovens profissionais, que têm como principal característica a insegurança laboral e consequente fragilidade
deontológica – aqueles que conseguem emprego, já
que há uma larga fatia dos licenciados em jornalismo
que encontra barreiras quase intransponíveis no

---

[5] Alain Accardo, *Journalistes précaires, journalistes au quotidien*, Agone,
Marselha, 1998.

[6] Fernando Correia, *Jornalismo, Grupos Económicos e Democracia*,
Caminho, Lisboa, 2006.

JOVENS JORNALISTAS: ENTRE SONHO E DESESPERANÇA

acesso à profissão. José Rebelo sustenta que *«ontem, talvez apressadamente, todos julgavam poder ser jornalistas, mesmo que isso implicasse contratos a prazo, recibos verdes, e até, estágios não pagos. Hoje começa a afirmar-se a ideia, talvez exageradamente pessimista, da impossibilidade de se exercer a profissão»*[7].

O problema do mercado de trabalho do jornalismo não é apenas haver um exército de reserva, existem outros enviesamentos como os estágios, curriculares e não só, realizados nas empresas em regime de rotatividade contínua. Há no meio a noção de que aos jornalistas empregados que restam pode pedir-se horas extraordinárias não pagas e trabalho para suportes para os quais não estariam preparados. Dentro das empresas, a questão da formação (contínua, especializada, reciclagem e aperfeiçoamento) é vista normalmente segundo critérios economicistas: não proporciona rentabilidade imediata e rouba tempo às tarefas de rotina, pelo que, regra geral, não é facultada pelas entidades empregadoras[8]. Há casos em que é feita formação, mas no sentido de inclusão na «cultura da empresa», que muitas vezes passa pela padronização

---

[7] Cf. José Rebelo (org.), *Ser jornalista em Portugal – perfis sociológicos*, Gradiva, Lisboa, 2011, e «As novas gerações de jornalistas em Portugal», *Trajetos, Revista de Comunicação, Cultura e Educação*, n.º 18, 2011, pp. 9-28.

[8] Fernando Correia, *op. cit.*

de comportamentos, valores e objetivos comuns a todos os setores – do marketing à redação.

Uma confusão que ocorre com alguma frequência é a identificação dos jornalistas com os *media*: estes últimos são organizações empresariais submetidas a objetivos comerciais, enquanto os jornalistas são trabalhadores assalariados, subordinados a hierarquias. É do interesse de ambos que a empresa seja rentável, para os jornalistas assegurarem os seus postos de trabalho; o problema é quando o objetivo do lucro se intromete no critério editorial.

Vários autores chamam a atenção para o fato de o grupo profissional dos jornalistas, em Portugal tal como noutros países, estar crescentemente fragilizado, quer a nível simbólico, quer a nível material[9]. Com a entrada em cena de grupos proprietários maioritariamente exteriores ao mundo dos *media*, o aumento do peso das receitas publicitárias no seu equilíbrio financeiro e a noção cada vez mais urgente de informação em tempo real, a prática do jornalismo tal como foi concebido há pouco mais de um século torna-se um exercício crescentemente problemático[10].

---

[9] *Ibid.*

[10] J.-M. Nobre-Correia, «Os Equívocos de uma formação», *Jornalismo e Jornalistas*, n.º 30, 2007, pp. 28-36.

Fernando Correia aponta uma desproporção entre a quantidade e gravidade dos problemas que afetam a maior parte dos jornalistas e a fraca participação em estruturas como o sindicato, os conselhos de redação ou as comissões de trabalhadores[11]. Pode a justificação estar encerrada na crise de identidade profissional, na dispersão ou no individualismo? O autor considera a união e mobilização dos profissionais como condição necessária para defender e dignificar a profissão e pugnar pela informação enquanto bem social – não apenas na luta por questões materiais, mas também pelas simbólicas. Os jornalistas mais jovens, que são os mais vulneráveis a situações contratuais dúbias, estão também menos sindicalizados do que os de gerações anteriores. Este dado pode ser explicado por não se reverem na atuação do sindicato ou quiçá devido à competição desenfreada por um lugar na profissão, que conduz a uma cultura mais individualista. Mas a falta de verba para pagar as quotas é um fator que também pode ser equacionado.

Estando um número considerável de jornalistas em situações de empregabilidade frágeis, sujeitos ao poder absoluto das empresas e dos principais grupos, que decidem quem entra, quem permanece e quem sai da profissão de jornalista, há uma tendência maior

---

[11] Fernando Correia, *op. cit.*

para a permeabilidade a pressões advenientes quer do poder económico – do qual depende a sobrevivência do próprio órgão de comunicação social –, quer do poder político (através por exemplo do aliciamento com cargos de assessoria, sendo frequente a passagem das redações para assessorias políticas e vice-versa). Nas condições atuais, não é fácil a um jornalista opor argumentos deontológicos a um patrão ou aos seus representantes na sala de redação – o grau de dificuldade é proporcional à precariedade do seu vínculo laboral. Os jornalistas têm um código deontológico, mas os patrões não e há frequentemente interesses divergentes[12]. A concentração de cada vez mais órgãos de comunicação em cada vez menos proprietários diminui as possibilidades de emprego e a mobilidade dos jornalistas, na medida em que, se houver uma incompatibilização com uma administração, todos os órgãos desse grupo de comunicação lhe ficam vedados.

Bem social ou oportunidade de negócio?

Já no âmbito da imprensa local e regional, é muitas vezes o poder local a principal fonte de financiamento

---

[12] Mário Mesquita, *O Quarto Equívoco: o poder dos media na sociedade contemporânea*, Minerva, Coimbra, 2004 (2.ª ed. rev.).

dos órgãos de comunicação social, seja através da compra de espaço publicitário, seja através de apoio financeiro. Isto coloca em causa a livre concorrência e a independência do setor e, neste contexto, a proximidade entre o poder económico e político é ainda mais evidente, verificando-se também uma forte influência da Igreja católica.

O aspeto económico não tem apenas expressão na dimensão empresarial ou nos salários: condiciona as práticas profissionais e o jornalismo que se produz. Os grandes grupos encaram a informação não como um bem social mas como algo em que se investe ou desinveste ao sabor das tendências do mercado, com dois objetivos principais: o lucro e o poder de influência social. Tenta-se combater a crise na imprensa com ofertas para os leitores, ao invés de debater e investir no jornalismo. Os valores do pluralismo foram substituídos pelos da diversificação de mercados; em vez de projetos jornalísticos inovadores temos novas oportunidades de negócio; o respeito pelos públicos minoritários e pela diversidade ideológica é encarado como nicho de mercado[13]. A própria designação de «produtor de conteúdos» é uma expressão mais economicista e dilui a identidade do jornalista.

---

[13] Fernando Correia, *op. cit.*

NOVOS PROLETÁRIOS

As precariedades da profissão, e não apenas em Portugal, são de tal modo gritantes que não é possível aos jornalistas pensarem a sua responsabilidade social sem chamarem o público a partilhá-la. Para Benoîte Grevisse, trata-se de considerar o jornalista no campo dos constrangimentos sem o isolar da sociedade, numa representação ideal[14]. As funções de marketing, as de chefias editoriais e de direção-administração deveriam ser mais distintas, para evitar que se confundissem interesses não jornalísticos com os jornalísticos. Cada uma destas áreas tem interesses distintos no negócio dos *media* e é da negociação entre elas que surge o «produto final», mas é importante que ao jornalista ou aos responsáveis editoriais não sejam imputadas outras tarefas que possam colocar em causa a sua legitimidade.

A autorregulação será uma via forte se tivermos em conta, não o jornalismo, mas os jornalismos. Ter presente as reais condições de produção e precariedade do estatuto de certos profissionais, bem como a existência de práticas deliberadamente antideontológicas seria um patamar de onde poderíamos começar uma reflexão séria[15].

---

[14] «Democracia e Informação. Uma proposta de leitura dos media para um novo equilíbrio jornalístico», *Media, Jornalismo e Democracia – Comunicações apresentadas ao seminário Internacional*, Livros Horizonte, Lisboa, 2002.

[15] *Ibid.*

Se a precariedade se constitui como um problema grave nos novos modelos de trabalho e em todas as profissões, no jornalismo acarreta ainda maiores consequências, já que põe em causa o princípio da liberdade de imprensa. Esta não deve ser encarada como um privilégio dos jornalistas, mas como um meio indispensável à garantia da liberdade de expressão e do direito dos cidadãos a uma informação livre e independente.

DA TRANSFORMAÇÃO DO TRABALHO: O CASO DOS SEGUROS

NUNO DOMINGOS*

A par do setor bancário, o setor dos seguros simbolizou durante décadas o crescimento das atividades terciárias em Portugal. No quadro de inúmeras trajetórias familiares de mobilidade social e geográfica, uma carreira profissional nos seguros proporcionava a rutura com atividades menos valorizadas socialmente, em muitos casos envolvendo o trabalho manual. A evolução das relações de trabalho nas últimas décadas, mas sobretudo nos anos mais recentes, representou uma alteração das condições de trabalho na atividade seguradora. A desqualificação relativa das profissões terciárias, associada a uma desqualificação dos diplomas escolares, decorreu em simultâneo com

---

* Investigador do Instituto de Ciências Sociais da Universidade de Lisboa (ICS-UL).

alterações na estrutura da profissão. A diferenciação interna criou categorias profissionais com condições de trabalho muito desiguais, implicando uma distinção material e simbólica dentro da profissão. A «racionalização» da força laboral, promovida pelos departamentos de recursos humanos e enquadrada por alterações legislativas produzidas politicamente, enfraqueceu os direitos do trabalho, assinalando também a progressiva fragilidade negocial dos trabalhadores.

*

A história do setor segurador está ligada ao desenvolvimento das atividades financeiras dos grandes grupos económicos portugueses que, protegidos por um sistema corporativo que enquadrou a formação de companhias hegemónicas, sobretudo a partir da década de cinquenta, beneficiaram do crescimento da economia, do alargamento do mercado interno e dos emergentes mercados colonial e emigratório. A expansão da rede de agências detida pelas grandes companhias possibilitou a acumulação de capitais, em grande medida provenientes de poupanças familiares, investidos em operações financeiras que se constituíram como a base dos lucros destas empresas. Os seguros protegiam as empresas dos riscos ineren-

DA TRANSFORMAÇÃO DO TRABALHO: O CASO DOS SEGUROS

tes à exploração dos fatores de produção - máquinas, transportes, mercadorias, edifícios - e dos custos associados à mão de obra[1]. A alteração social da perceção do risco permitiu, por outro lado, o crescimento das diversas modalidades dos seguros de vida e a proteção de bens individuais.

Em março de 1975, o capital português na banca e nos seguros seria nacionalizado[2]. As seguradoras foram reunidas em novembro de 1978 em seis grupos com conselhos de gestão comuns e fundidas em 1980. Privatizadas no início da década de noventa, estas companhias regressaram quase todas aos antigos proprietários[3]. Em 2010, depois de um conjunto de transformações que acabou por reforçar a participação

---

[1] A Cosec, companhia de seguros de créditos foi criada em 1969 para prevenir o incumprimento de pagamentos realizados no contexto de diversas atividades económicas.

[2] Em 1974, o mercado segurador era controlado pelos grandes grupos monopolistas Império-Sagres-Universal (grupo CUF), Tranquilidade (grupo Espírito Santo), Mundial e Confiança (grupo Champalimaud), Fidelidade (BNU), Bonança e Comércio e Indústria (Jorge de Brito), Seguradora Industrial (Fonsecas e Burnay), Ourique (Português do Atlântico) e Atlas (Borges e Irmão). Américo Ramos Santos, «Desenvolvimento Monopolista em Portugal (fase 1968-1973): estruturas fundamentais», *Análise Social*, vol. XIII, (49), 1977-1.º, 69-95, pp. 88-89.

[3] Estas seguradoras detinham, em 1973, 88% das receitas, 60% dos prémios de seguros diretos e 88% do resseguro aceite (*Idem*, p. 89).

do Estado no setor, existiam 46 sociedades anónimas no mercado (25 delas nacionais), uma mútua (pescadores) e 38 agências gerais, num total de 84 operadores, número que desceu para 79 em 2011[4]. Em 2009, as cinco maiores empresas detinham 61,1% do mercado, as dez maiores 75,4 e as 15 maiores 84,1%, números que denunciavam a progressiva concentração da atividade[5].

Os setores dos seguros e bancário são dos negócios que mais beneficiam com a retração do Estado Social. O estudo sobre poupança encomendado recentemente pela Associação Portuguesa de Seguradores (APS) revela o interesse destes agentes económicos em mercadorizar as formas de apoio social, nomeadamente ocupando o espaço da Segurança Social e do Sistema Nacional de Saúde, progressivamente descapitalizados. Os seguros de saúde são aliás a área onde a atividade das seguradoras mais tem crescido. Ao se afirmarem como instituições de poupança e acumulação de capital, as seguradoras exploram o alarme

---

[4] Associação Portuguesa de Seguradores, *Panorama do Mercado Segurador 2011-12*, p.10. Uma das mais significativas transformações no mercado segurador foi o surgimento do poderoso Grupo Caixa, cujos ativos podem em breve ser reprivatizados. Em 2008, a Real Vida, propriedade do BPN, foi também nacionalizada.

[5] Associação Portuguesa de Seguradores, *Relatório de Mercado* 2010, p. 13.

gerado em relação à desestruturação da segurança social e à ideia, repetida à exaustação, da fatalidade desse processo. As chamadas classes médias são mais sensíveis a este pânico, temendo uma mobilidade social descendente. Como insiste a APS: «*A tomada de consciência das gerações mais novas de que os descontos para a segurança social não terão como compensação pensões de reforma que lhes permitam manter os níveis de vida da vida ativa terá duas consequências: um aumento da taxa de poupança daqueles indivíduos e um aumento da pressão social para a reestruturação do atual sistema de repartição, em direção a um sistema de capitalização*»[6]. O projeto de captação de poupanças da APS chega a sugerir que o trabalhador financie o seu subsídio de desemprego[7]. O próprio local de trabalho é um dos espaços onde esta tomada de consciência se desenvolve. A lógica de individualização da relação laboral, observada pela evolução geral das leis do trabalho e, mais especificamente, no caso dos seguros, pela revisão dos Contratos Coletivos de Trabalho (CCT), reforça a ideia do fim inevitável da universalidade dos serviços.

---

[6] Associação Portuguesa de Seguradores, *Panorama do Mercado Segurador 2011-12*, p. 51.

[7] Associação Portuguesa de Seguradores, *Panorama do Mercado Segurador 2011-12*, p. 51.

Contratação e lutas políticas

Ainda durante o Estado Novo, a gestão paternalista de uma massa laboral que explorava tradicionalmente redes de confiança, muitas vezes familiares, foi confrontada pela necessidade de as empresas seguradoras melhorarem os seus resultados, o que implicou a introdução progressiva de novas tecnologias e a utilização de métodos de seleção e avaliação da mão de obra mais eficazes. As grandes empresas seguradoras, que resultaram de um processo de concentração nos grandes grupos económicos no final dos anos sessenta, num contexto de grande atividade bolsista, encontravam-se a desenvolver, em articulação com as políticas do Estado para a área laboral, modelos mais «racionais» de regulação da força de trabalho. A introdução de novas tecnologias, a preocupação com a formação de técnicos, foi acompanhada por medidas de enquadramento mais estruturais. A abertura sindical de 1969, ano em que se institui também o regime de contrato individual de trabalho, e os processos de negociação do CCT faziam parte do esforço do Estado para criar condições estruturais que enquadrassem as políticas empresariais, procurando institucionalizar o conflito perante as pressões vindas dos trabalhadores e das suas organizações. A experiência teria resultados equívocos, já que os sindicatos

DA TRANSFORMAÇÃO DO TRABALHO: O CASO DOS SEGUROS

desenvolveram lutas que rapidamente desafiaram as estratégias empresariais.

As orientações de gestão da força de trabalho que se vinham organizando no final do Estado Novo vieram a transformar-se com o 25 de Abril. A alteração dos poderes de decisão política e das metodologias de organização das empresas repercutiu-se na negociação das condições de trabalho. As novas políticas laborais (cobertura da previdência, aumentos salariais, novas regras para o despedimento coletivo, instauração do subsídio de desemprego e do mês de férias) procuravam unificar uma condição de classe. Uma conceção coletiva do trabalho foi consagrada no CCT dos seguros de 1975. Os trabalhadores deveriam, dentro das possibilidades concedidas pela especialização inerente à própria atividade, estar sujeitos a direitos e deveres semelhantes e a uma experiência laboral comum. Deste modo proibia-se o trabalho extraordinário e a isenção de horário, reduziam-se os suplementos ao salário e o número de categorias laborais.

Negociações de contratos coletivos e diferenciação laboral

As seguintes negociações do CCT revelaram a progressiva individualização da relação do trabalhador com a empresa e o local de trabalho, de acordo com uma lógica de rentabilização produtiva. A gestão dos recursos humanos nas empresas seguradoras procurava adequar as políticas empresariais às transformações das leis do trabalho. Em 1977, o CCT possibilitava a remuneração diferencial de quadros e pessoal externo. Nesta altura, os suplementos ao salário e prémios de produtividade, antes restringidos, foram generalizados, aprofundando-se as diferenças salariais no setor. O contrato de 1977 regulamentou ainda o trabalho a prazo, aplicando o Decreto-Lei n.º 781/76, de 28 de outubro de 1976, aprovado pelo governo do Partido Socialista, então liderado por Mário Soares. O trabalho extraordinário foi reconsiderado pelo CCT de 1979. Em 1982 foi instituída a isenção de horário, fator que contribuía para a reorganização do tempo de trabalho. Simultaneamente generalizavam-se os relógios de ponto. As negociações coletivas seguintes acentuaram estas tendências, contribuindo para aumentar o leque salarial e reduzir os custos empresariais alocados ao trabalho.

Em 1989, o governo de Cavaco Silva, atualizando a lei de 1976, tornou mais flexível a contratação a prazo. Em 1995, o CCT dos seguros retirou as pensões complementares de reforma para os trabalhadores a contratar, sendo diminuído o seu valor para os restantes trabalhadores. A fragilidade da posição negocial dos

DA TRANSFORMAÇÃO DO TRABALHO: O CASO DOS SEGUROS

trabalhadores redefinia os termos da sua participação nos destinos da empresa. O direito consignado pelo «controlo de gestão»[8], genericamente ignorado pelas administrações, dava lugar a uma participação menos conflitual, no âmbito de atividades de índole cultural, desportivas ou de lazer, de almoços e convívios, áreas em que a iniciativa das administrações competia com a dos sindicatos. A «cultura da empresa» procurava eliminar formas de conflitualidade, consideradas progressivamente não enquanto um direito do trabalho, mas como um desvio a um universo cultural partilhado.

A individualização e a crença numa política meritocrática iam ao encontro de imagens de mobilidade social presentes no país de forma evidente a partir de meados dos anos oitenta e tipicamente associadas ao setor terciário e ao crescimento da chamada classe média. As regras de apresentação do pessoal estimuladas pelas próprias companhias, com a sugestão de códigos de apresentação (as gravatas, os fatos, os penteados, a proibição de certos acessórios) acentuavam um estatuto associado a profissões de «colarinho branco», apesar de as condições laborais sugerirem

---

[8] A nomeação das comissões administrativas, ouvidos os sindicatos, constava do decreto-lei 135-A/75 que nacionalizou o capital português.

um processo de proletarização de parte substancial da força de trabalho. O estatuto da profissão do terciário, associado ao capital escolar, eficaz num país bastante pobre e desigual, afasta-se cada vez mais das condições objetivas do exercício laboral, tanto do ponto de vistas das condições do trabalho, dos seus ritmos e exigências, como das suas recompensas.

Tecnologia e Qualificações

A introdução de novas tecnologias foi uma das justificações para a reconversão e expansão das categorias laborais e para a imposição de princípios de adaptabilidade e flexibilidade. A aplicação de dados em sistemas informáticos substituíu processos de trabalho baseados no conhecimento acumulado pela experiência. A automação, sobretudo a partir dos anos noventa, conduziu a uma redução dos trabalhadores mais antigos, situação facilitada pelas leis que legislaram o regime de pré-reformas, a flexibilização da idade de acesso à pensão de velhice e as rescisões de contratos[9]. A divisão do conhecimento dentro da empresa dispensava agora determinados domínios

---

[9] Decretos-Leis 261/91 de 25/7/91, do governo de Cavaco Silva, 9/99 de 8/1/99, e 119/99, de 14/4/99, do governo de António Guterres.

técnicos, que se encontravam anteriormente mais disseminados, possibilitando uma hierarquização mais sensível das relações laborais. O número de mediadores, de entre os quais muitos empregados de seguros, reduziu-se de forma significativa nos últimos anos, concentrando-se a atividade em grandes empresas mediadoras[10]. Estas empresas passaram a desempenhar tarefas, como a emissão de apólices, alterações e regularização de sinistros, que antes eram tratadas pelas próprias companhias.

Num contexto em que se promoveram relações de competitividade, aumentaram os ritmos de trabalho, a pressão para o trabalhador ficar na empresa para lá do horário consagrado no contrato e a tendência para levar trabalho para casa. A crescente diferença salarial entre as categorias de trabalhadores, promovida quer pelos sistemas de avaliação, quer pelos inúmeros processos de individualização do salário e pela precariedade dos vínculos, repercutia-se também na diferenciação dos estilos de vida e nos consumos dos vários grupos de trabalhadores, oferecendo uma poderosa dimensão simbólica a este processo de segmentação. Note-se a este propósito a utilização

---

[10] Em 1985 havia 48 576 mediadores, em 1995 44 987, em 2005 37 466 e em 2010 25 877. Associação Portuguesa de Seguradores, *Relatório de Mercado* 2010, pp. 70-71.

diferenciada dos serviços culturais ou desportivos, as iniciativas dirigidas apenas a alguns segmentos das empresas, o afastamento dos quadros de iniciativas onde predominam trabalhadores menos remunerados e a quebra da participação em atividades coletivas[11]. Em suma, a diferenciação na estratificação material repercutia-se no universo dos estilos de vida e das relações pessoais.

A instabilidade progressiva de um número crescente de trabalhadores contrastava com a segurança dos vários núcleos de gestão, lugares da empresa onde se concentram os diversos domínios técnicos e o capital escolar e académico mais elevado. Se durante muito tempo uma licenciatura estabelecia a diferença entre a elite técnica e os outros trabalhadores, atualmente a separação é produzida por intermédio de outros padrões de qualificação. Ser licenciado, num contexto em que os quadros técnicos de topo provêm por norma de cursos de pós-graduação em universidades com propinas altas e pouco acessíveis, já não é uma condição privilegiada. A organização interna conduziu à formação de uma superstrutura técnica

---

[11] Note-se, por exemplo, a quebra nas práticas desportivas coletivas – Nuno Domingos, «O Desporto e o Trabalho», *A Época do Futebol*, José Neves e Nuno Domingos (org.), Assírio e Alvim, Lisboa, 2004, pp. 304-328.

DA TRANSFORMAÇÃO DO TRABALHO: O CASO DOS SEGUROS

especializada, de confiança e bem remunerada, recrutada em cursos de elite. Como ficou reconhecido em algumas investigações, os proprietários e gestores perceberam a necessidade de juntar ao seu privilégio material a posse de conhecimento especializado, garantido pelos títulos académicos, capital específico que se impôs como um fator de reprodução do capital económico e de uma condição de classe[12].

Precarização

O novo CCT dos seguros, recentemente aprovado por acordo entre a APS e dois sindicatos – o terceiro sindicato, o Sinapsa, não aderiu[13] – prossegue as lógicas de gestão laboral anteriormente desenvolvida, agora legitimadas pelo Acordo de Concertação Social («Compromisso para a Competitividade e o Emprego»), assinado depois da intervenção em Portugal da chamada *troika*. A flexibilidade da massa laboral procura incrementar o ajustamento do fator trabalho aos ritmos e exigências do mercado. A facilitação dos

---

[12] Maria Antónia Pedroso de Lima, *Grandes famílias, Grandes Empresas*, D. Quixote, Lisboa, 2003.
[13] O que significa que os trabalhadores associados a este sindicato continuam vinculados ao CCT de 2008.

despedimentos, a diminuição da indemnização por despedimento, a redução do pagamento das horas extraordinárias, o alargamento dos horários de trabalho, a introdução do banco de horas individual são algumas das medidas que procuram reconverter a organização do trabalho. O CCT dos seguros, por sua vez, sublinha o processo de individualização da relação laboral e a decorrente privatização dos serviços de apoio social. Inclui um Plano Individual de Reforma e a atualização das condições dos seguros de saúde e de vida. Os trabalhadores vinculados contratualmente são, no entanto, apenas uma parte da massa laboral que trabalha no setor dos seguros.

Em 2011 o setor segurador empregava 11 242 trabalhadores[14]. Dados de 2009 indicam que dos 11 270 trabalhadores empregados 1,3% eram dirigentes executivos, 11,6% quadros superiores, 23,7% quadros médios, 22,3% profissionais altamente qualificados e 34,7% profissionais qualificados, estando nas categorias mais baixas apenas 6,4% dos trabalhadores[15]. Estas designações, que nobilitam o exercício das atividades, estão, na sua maioria, longe de ter uma corres-

---

[14] Associação Portuguesa de Seguradores, *Panorama do Mercado Segurador 2011-12*, p. 10.

[15] Associação Portuguesa de Seguradores, *Relatório de Mercado* 2010, p. 27

pondência objetiva em termos de condição de trabalho. Neste grupo de categorias não se encontram, no entanto, os trabalhadores que, em virtude das políticas das seguradoras, estão fora do contrato dos seguros.

A alteração das políticas laborais possibilitou a emergência de uma extensa camada de trabalhadores precários. No total da atividade seguradora, este grupo em crescimento, juntará mais de 2000 trabalhadores[16]. A «sociedade da empresa», local de «racionalização» e especialização da mão de obra visando a produtividade, é um espaço social progressivamente desigual, assente em condições de trabalho e remuneração diferenciadas. Os «gestores de seguros», empresários em nome individual subsidiados inicialmente pela empresa, vão substituindo o trabalho das agências e delegações. Quando a sua carteira atinge determinado valor, a companhia abre-lhes uma loja para trabalharem em exclusividade, à comissão e por objetivos. O trabalho temporário atinge também as áreas comerciais das empresas.

Mas podemos encontrar outros trabalhadores precários dentro das empresas seguradoras, vinculados a contratos realizados com empresas de trabalho temporário; mas também fora das empresas, no âmbito de processos de externalização dos serviços. O caso

---

[16] Informação do Sinapsa.

específico da criação de call centers, alguns deles com centenas de trabalhadores, é apenas um dos exemplos mais visíveis desta política de externalização[17]. A maioria dos trabalhadores que presta serviço nas empresas de saúde (seguradoras ou prestadoras de serviços) é constituída por precários contratados por empresas de trabalho temporário. O mesmo acontece nas empresas de assistência (assistência em viagem, assistência ao lar, condomínios) e nas seguradoras por telefone como a OK Teleseguro, a Seguro Direto ou a Logo. No Grupo Caixa Seguros e Saúde são empresas de prestação de serviços que asseguram parte substancial da atividade da Multicare (seguradora de saúde), ou da Cares (multi assistance e assistência em viagem) como a Redware, empresa de outsourcing que pertence ao grupo Reditus, que trata da digitalização de documentos e onde os trabalhadores recebem à peça através de recibos verdes. No final de 2011, a Reditus renovou o seu call center (eufemisticamente designado por «novo centro de serviços da reditus») na cidade de Évora com 460 colaboradores que trabalham indiretamente para o Grupo Caixa. Participando no processo da atividade seguradora estes trabalhado-

---

[17] Ver, neste volume, o artigo de José Nuno Matos e Luís Miranda, *Negreiros dos tempos modernos: sobre a deslocalização interna de serviços de call-center.*

res, telefonistas, comunicadores, generalistas ou estagiários, não são considerados empregados de seguros.

O processo da precarização da organização do trabalho, revelando a expansão de modelos laborais que circulam internacionalmente, repercute-se de forma específica em cada setor, o que sugere uma utilização direcionada do conhecimento especializado sobre gestão de recursos humanos, adaptado às características particulares desta atividade financeira. Enquadradas pelas possibilidades que vão sendo concedidas pela alteração das leis do trabalho, as empresas de seguros procuram «racionalizar» a mão de obra de modo a reduzir os custos associados ao «fator trabalho», generalizando situações de instabilidade laboral e existencial, perda de autonomia e eliminando direitos conquistados. A diferenciação dos trabalhadores dos seguros revela o processo de proletarização de segmentos da profissão num quadro de precarização que afeta a maioria dos trabalhadores.

NEGREIROS DOS TEMPOS MODERNOS: SOBRE A DESLOCALIZAÇÃO INTERNA DE SERVIÇOS DE *CALL-CENTRE*

JOSÉ NUNO MATOS* e **LUÍS MIRANDA****

Em 2001, a ex-Mundial Confiança, companhia de seguros agora integrada na Fidelidade, iniciava um processo de deslocalização de parte da sua atividade. Cinco anos depois, Marco Chaínho, gestor da Companhia de Seguros Fidelidade Mundial, realçava os resultados positivos da operação realizada, em particular os «200 postos de trabalho» e as «6000 chamadas por dia» asseguradas pelo *call center*. A escolha da cidade de Évora, segundo o mesmo, tinha como base os seus recursos humanos, «aproveitados para efeitos de formação e acompanhamento, pois tratavam-se de

---

* Doutorando em Sociologia (ICS-UL) e Bolseiro (FCT).
** Trabalhador em ativo e delegado sindical do SINAPSA.

pessoas chave com bastante know-how na operação da empresa e que conheciam muito bem a nossa companhia». Aliado a este fator, o «efeito da universidade»[1], garantia da total ausência de problemas ao nível de recrutamento de força de trabalho. De 2006 até aos dias de hoje, os postos de trabalho em Évora mais do que duplicaram.

A deslocalização interna

Ao longo das últimas décadas, tem sido notória a transferência de unidades industriais do «ocidente» para o «oriente», em busca de salários reduzidos, menores garantias sociais e maiores limitações de liberdades. No caso português, tal fenómeno implicou a perda da vantagem *semiproletária*[2], em comparação com as possibilidades de investimento oferecidas pelas economias da Europa de Leste e Asiática, com uma mão de obra, por um lado, igualmente qualificada e, por outro, mais barata.

---

[1] Marco Chaínho (s.d), «C.ª Seguros Fidelidade Mundial: Évora». http://calltm.dsi.uminho.pt/fichs/reg_perifericas/k_parte2.pdf, p.79. Consultado a 11-08-12.

[2] Referente a uma força de trabalho industrial, em particular a oriunda de zonas rurais, possuidora de pequenas parcelas de terra.

Os processos de deslocalização, contudo, tendem a uma maior complexidade, não se resumindo à mera divisão do mundo entre centro, semiperiferia, periferia[3]. A existência de óbvias divisões fraccionárias de rendimento constitui, na atualidade, uma realidade de países e até de cidades, permitindo que a distância geográfica entre o luxo e a miséria seja, por vezes, a de uns tantos quilómetros. Em Portugal, as diferenças entre os níveis de pobreza e de desemprego no litoral e no interior traduz a extensão dessa lógica de divisão mundial a um espaço intrafronteiriço. Um fenómeno que se faz carregar, como é óbvio, de interessantes oportunidades de negócio.

O *outsourcing*, dispositivo através do qual uma empresa recorre aos serviços especializados de outra, tem desempenhado um papel relativamente importante neste processo. O seu desenvolvimento prende-se, supostamente, com uma maior necessidade de compatibilização com o veloz ritmo de funcionamento dos mercados. Os novos modelos de produção, ao contrário dos anteriormente praticados pelas grandes indústrias, apostam mais em elementos qualitativos (o design, por exemplo) do que propriamente em elementos quantitativos. Num

---

[3] Um paradigma desenvolvido por autores como Immanuel Wallerstein ou Giovanni Arrighi.

mercado composto por um cada vez maior número de empresas concorrentes é no cariz do produto e na sua capacidade de adaptação às oscilações de consumo que reside a garantia de sobrevivência e sucesso de uma marca. É com o objetivo de responder ao aumento e diminuição de encomendas – leia-se, de trabalho – e de auferir de serviços especializados que surgem novas opções, como o trabalho temporário ou o *outsourcing*.

Casos como o do *call-center* de Évora revelam, contudo, outra realidade. Em reuniões ocorridas entre a Direção do Sindicato Nacional dos Profissionais de Seguros e Afins (SINAPSA) e a Direção de Recursos Humanos da Caixa Seguros, o sindicato denunciava práticas de gestão pouco claras. A deslocalização de produção, à altura com recurso a empresas de trabalho temporário, não parecia responder a um aumento de atividades, mas sim a uma substituição de postos de trabalho efetivos. Uma manobra que, de novidade, tinha pouco.

Inicialmente a Caixa Seguros havia procurado o esvaziamento do contrato coletivo de trabalho (CCT), contratando os serviços de empresas de trabalho temporário e criando assim um cenário em que trabalhadores de diferentes empresas exercem funções semelhantes, muitas vezes lado a lado, mas usufruindo de condições contratuais e salariais completamente distintas. A denúncia e oposição sindical à medida conduziriam, mais tarde, à deslocalização de serviços essenciais (e não de trabalho adicional) ao desenvolvimento da sua própria atividade.

No dia 25 de março de 2011, o Presidente da Câmara Municipal de Évora, José Ernesto d'Oliveira, «inaugurava» o Centro de Serviços de Évora da Reditus, grupo económico na área das novas tecnologias que, por via da Redware, desenvolve atividades de gestão em *outsourcing*[4]. Entre os membros dos seus órgãos sociais, surgem nomes como Miguel Pais do Amaral, presidente do Conselho de Administração (desta e doutras dezenas de empresas) e proprietário de empresas de comunicação social ou Francisco van Uden, vice-presidente da Assembleia-Geral do grupo e militante histórico do movimento *Maioria Silenciosa* e da organização de extrema-direita *Exército de Libertação de Portugal* (ELP)[5]. Presente na cerimónia, Carlos Zorrinho, então Secretário de Estado da Energia e da Inovação, salientava, num raciocínio bastante otimista, a sua importância no posicionamento de Portugal «como um dos países do mundo

---

[4] Não apenas de seguradoras, mas igualmente do setor financeiro e de telecomunicações.

[5] José Adelino Maltez, «1975». (http://maltez.info/cosmopolis/anode1975/amaio.htm). Consultado a 2012.08.09.

mais atrativos para a instalação de centros de serviços de alto valor acrescentado.»[6] Na realidade, a empresa encontrava-se a funcionar desde 2006, após parceria das seguradoras Fidelidade Mundial e Império Bonança, com mais de 400 trabalhadores, muitos deles em situação precária.

A rígida flexibilidade

As condições de trabalho impostas pela Redware/Reditus são, sub-repticiamente, anunciadas pela própria. Na sua página de internet, a entidade faz questão de destacar alguns dos objetivos que compõem a sua «missão»: «*reduzir custos operacionais*», «*aumentar a eficiência dos processos*» e «*converter custos fixos em custos verdadeiramente variáveis*»[7]. A afirmação de tais metas surge, de fato, como uma espécie de prenúncio dos lucros que poderão ser obtidos pelas futuras congéneres. Esses lucros têm, no entanto, uma origem.

Paradigma representativo da nova condição laboral do século XXI, o *call-center* consegue juntar elementos

---

[6] Reditus, «Reditus inaugura Centro de Serviços em Évora com mais de 460 colaboradores», 25 de março de 2011. (http://www.reditus. pt/reditus/pt/news/read.asp?c=639). Consultado a 2012.08.08.

[7] Redware, «A nossa missão». (http://www.redware.pt/redware/pt/ visao.asp). Consultado a 2012.08.08.

aparentemente incompatíveis. Por um lado, conforme poderá ser evidenciado pela análise de alguns dos seus anúncios de emprego[8], o requisito de *boas competências comunicacionais* ou *informáticas* em trabalhadores com o *12.º ano como formação académica mínima*, indicia a procura de trabalhadores minimamente qualificados. Aliás, recordando as declarações proferidas por Carlos Zorrinho, a presença de uma universidade na região exerceu algum peso na escolha da cidade de Évora. Tais qualidades, muitas vezes descritas como manifestações de um tipo de *capital humano*, remetem para uma *orientação ao cliente*. A fluidez do discurso, a capacidade de se fazer compreendido ou a delicadeza no atendimento (ainda para mais quando se trata da indústria dos seguros!) veem-se então elevados a elementos fulcrais à sua satisfação e, logo, a critérios avaliadores da boa performance do trabalhador.

Por outro lado, e à semelhança das fábricas do período *fordista*, os mesmos anúncios de emprego exigem *pontualidade e assiduidade*, fazendo cair por terra o mito libertador das novas tecnologias, possibilitadoras de uma maior autonomia do trabalhador, inclusivamente na gestão do seu próprio tempo de trabalho. Este, muito pelo contrário, desenvolve-se a um ritmo incessante,

---

[8] Ver página das oportunidades de emprego da empresa (http://www.reditus.pt/reditus/pt/emprego/Default.asp).

como se estivesse a decorrer ao longo de uma linha de montagem virtual. Nesta, não só o trabalhador deverá tomar em conta a *orientação ao cliente*, respondendo de forma eficaz às suas dúvidas e reclamações, como deverá fazê-lo no mais curto período de tempo possível.

De forma a assegurar estes dois pressupostos, as administrações de *call-center* recorrem a modernos sistemas de controlo de qualidade, os quais registam o mais ínfimo movimento realizado pelo trabalhador: tempo de atendimento, número de chamadas atendidas, estatísticas dos resultados das ligações, índice dos clientes à espera de chamadas, tempo excedido de atendimento[9]. Inclusivamente, as próprias conversas entre trabalhador e cliente são gravadas, um meio de certificar à partida o cumprimento de todas as regras de atendimento.

A imposição de uma conduta disciplinar chega a tocar em pontos dificilmente inimagináveis. No boletim de informação sindical *Divulge* de abril 2011, o SINAPSA expõe o cariz espartano do local de trabalho, vendo-se os seus funcionários impedidos do uso do telemóvel pessoal, da ida à casa de banho sem autorização da chefia (este tempo é contabilizado),

---

[9] Selma Venco, «Centrais de atendimento: a fábrica do século XIX nos serviços do século XXI», *Revista Brasileira de Saúde Ocupacional*, 31 (114), pp. 7-18, 2006.

da possibilidade de se erguer em pé ou de estabelecer contacto com os colegas e trabalhadores do quadro das seguradoras, ou sequer ter qualquer tipo de objeto, incluindo as fotos dos filhos, em cima da sua mesa de trabalho[10]. A administração chegou mesmo a exercer atitudes de pressão junto dos trabalhadores na véspera da caricata inauguração. Estes, de acordo com a denúncia realizada pela Comissão de Trabalhadores da Fidelidade Mundial, receberam instruções ao nível da indumentária a usar no cerimonial, tendo o fato e o sapato sido «aconselhados», em detrimento do ténis, da ganga e da camisa por fora das calças[11]. Juntos, estes pequenos atos tentam fazer do *call-center* uma ilha[12], ou melhor, um arquipélago, igualmente «isolado, e scondido para o exterior»[13], no qual o trabalhador, impossibilitado de comunicação com o outro e sem

---

[10] SINAPSA, «Call-Center de Évora (Grupo Caixa Seguros)», *Divulgue*, abril de 2011, p. 1.

[11] Alexandre Silva, «Inaugurado Call Center com cinco anos». Correio da Manhã, 27 de março de 2011. (http://www.cmjornal. xl.pt/detalhe/noticias/nacional/politica/inaugurado-call-center--com5-anos). Consultado a 2012.08.01.

[12] Designação dada ao pequeno espaço onde cada operador de call--center desenvolve o seu trabalho.

[13] Fernando Ramalho e Rui Duarte, «Call Centers: à descoberta da ilha», In José Nuno Matos, Nuno Domingos, e Rahul Kumar (org.), *Precários em Portugal*, Edições 70 e Le monde diplomatique – edição portuguesa, p. 118, 2011.

quaisquer referências a um mundo para lá daquelas paredes, venha a sentir-se ele próprio uma ilha. Um isolamento que começa no próprio contrato.

Um dos objetivos da deslocalização e subcontratação de setores é, precisamente, o furto às condições firmadas no CCT. Se atendermos à atual tentativa de deslocalização de serviços de *call-center* da Cares[14] e da OK Teleseguros, empresas do grupo Caixa Seguros, para a Reditus/Redware, podemos identificar os três fatores em jogo: as diferenças a nível regional, a transferência de empresas e, consequentemente, a assinatura de novos contratos sem a cobertura do CCT. Ora, de acordo com um relato publicado por uma trabalhadora da Reditus no blogue dos Precários Inflexíveis,[15] o salário médio praticado pela empresa oscila entre os 400 e os 500 euros, um valor claramente inferior aos estipulados pelo CTT[16].

---

[14] Nos passados dia 3 e 6 de agosto, os trabalhadores da CARES entrarem em greve (uma hora por turno de trabalho). O sucesso da greve é inequívoco, não tanto pela adesão de 90% nos quatro turnos de trabalho afetados, mas pelo facto de que de 40% dos trabalhadores que fizeram greve terem vínculos precários, seja por via de ETT ou através de contratos a prazo.

[15] Precários Inflexíveis, «Testemunho precário num call-center». (http://www.precariosinflexiveis.org/2011/03/testemunho--precario-num-call-center.html). Consultado a 2012.07.11.

[16] De acordo com o SINAPSA, «Todos, quando são recrutados, têm de ser classificados, no mínimo, como Escriturários Estagiários nível

Conclusão

Durante décadas, o aumento de qualificações, elemento coadjuvante da introdução de novas tecnologias no domínio produtivo, foi apresentado como a receita para um milagre. Ainda que longe da média europeia, mas ainda assim verificada[17], o ligeiro aumento dos níveis de ensino da população portuguesa não foi capaz de gerar a radical alteração das suas condições de vida. À semelhança das demais mercadorias, o trabalho (leia-se, as pessoas) são sujeitas a uma mensuração, com base nas suas habilitações e capacidades, mas igualmente nos seus níveis de oferta e procura. Atendemos à lição dada pelo próprio Marco Chaínho, da Companhia de Seguros Fidelidade Mundial:

«Durante a nossa estadia em Évora nunca tivemos qualquer problema de recrutamento. Acredito que, tal como em Bragança, isso se deve ao efeito da universidade. As exigências que temos em termos de habilitações literárias mínimas são o 12.º ano completo. Note-se que esta solução deslocalizada

---

IV (€ 717,34) e ao fim de dois anos têm de passar ao nível IX (€963,57)». SINAPSA, (2010), «Aos trabalhadores do Call-Center de Évora» (http://www.sinapsa.pt/Imgs/articles/article_7/aos--trabalhadores-do-call-center-evora.pdf). Consultado a 2012.08.01.

[17] Carmo *et al.*, *Jovens em Transições Precárias*, Lisboa, Edições Mundos Sociais, p. 34, 2011.

não teve como objetivo principal reduzir custos por reduzir, mas sim podermos prestar o melhor serviço possível. Estou bastante satisfeito com a qualidade das pessoas que apareceram para integrar o projeto, porque apesar de ser uma solução tipificada como de outsourcing, as pessoas agarram a oportunidade com bastante afinco e abraçam bem o projeto. [...] O turnover existente em Évora ajuda a perceber o que anteriormente mencionei. Os 15% de turnover em Évora contrastam bem com os 40% a 50% existente anteriormente em Lisboa. Estamos satisfeitos com esta acentuada redução de turnover até porque esta atividade exige investimento na formação de recursos humanos (no nosso caso, a duração da formação é um mês)»[18].

Começando por referir as exigências em termos de habilitações, colmatadas pela existência de uma universidade na região, Chaínho acaba por mencionar a reduzida taxa de absentismo (o *turnover*) em Évora, especialmente quando comparados com os 40% a 50% verificados em Lisboa. Aufere-se assim de um *largo exército de reserva* mais que qualificado, mas também mais que desempregado, pronto a aceitar a proletarização do seu destino, em detrimento dos seus sonhos e expectativas. É igualmente curioso constatar uma preocupação com a estabilidade dos trabalhadores na empresa, dado o avultado investimento despendido

---

[18] Marco Chaínho (s.d.), *op. cit.*, pp. 79-80.

em cada um deles. Um interesse que, contudo, não parece ter expressão ao nível contratual e que tende a contrastar com as regalias auferidas por gestores e chefes de serviço.

Devemos assim concluir que o recurso a contratos precários se encontra longe de refletir uma necessidade de adaptação à volatilidade do mercado. Pelo contrário, e como admite o próprio gestor, é importante gozar de uma mão de obra estável e dedicada à empresa. Não se trata, deste ponto de vista, de querer dispensar trabalhadores, mas sim de demonstrar a posse de tal poder e de recolher os frutos[19] de elevados níveis de produtividade a custo reduzido. Ou, segundo Marco Chaínho, «não reduzir custos por reduzir, mas sim podermos prestar o melhor serviço possível». Uma sentença que carrega consigo o espírito de Negreiros e demais exploradores e que, com novas palavras e instituições, continua a determinar o quotidiano daqueles que trabalham.

---

[19] Os proveitos operacionais da Reditus, segundo a própria empresa, alcançaram os 61,9 milhões de euros no primeiro semestre de 2012. Reditus, «Proveitos Operacionais da Reditus aumentam 11,0% no 1.º semestre de 2012», 16 de agosto de 2012. (http://www.reditus.pt/reditus/pt/news/read.asp?c=779). Consultado a 2012. 08.19.

Coleção Livros de Bolso *Le Monde diplomatique*

1. *Precários em Portugal – entre a fábrica e o «call center»*
organizado por José Nuno Matos, Nuno Domingos e Rahul Kumar

2. *Desigualdades em Portugal*
organizado por Renato Miguel do Carmo

3. *Imigração e Racismo em Portugal – o lugar do outro*
organizado por Bruno Peixe Dias e Nuno Dias

4. *Novos Proletários: a precariedade entre a «classe média» em Portugal*
organizado por José Nuno Matos e Nuno Domingos